AF275224

COLEX

GRACIAS POR CONFIAR EN COLEX

Disfrute gratuitamente **DURANTE UN AÑO** de los eBook, audiolibros y Colex Copilot de las obras de Editorial Colex*

ACTIVA TU CÓDIGO PARA ACCEDER A LOS SERVICIOS

1. Accede a **www.colex.es**.

2. Inicia sesión o regístrate como usuario.

3. Dirígete al menú de usuario y haz clic en **«Mis códigos»**.

4. Introduce el siguiente código **(RASCA PARA VER EL CÓDIGO)**:

◆ Una vez se valide el código, aparecerá una ventana de confirmación y su eBook / audiolibro / Colex copilot estarán activos **durante 1 año desde su activación** en la pestaña «Mis libros» en el menú de usuario.

* Los audiolibros están disponibles en las ediciones más recientes de nuestras obras. Se excluyen expresamente las colecciones «Códigos comentados», «Biblioteca digital» y los productos de www.vademecumlegal.es. Colex Copilot únicamente está disponible en las ediciones más recientes de las colecciones «Paso a paso» y «Vademecum».

No se admitirá la devolución si el código promocional ha sido manipulado y/o utilizado.

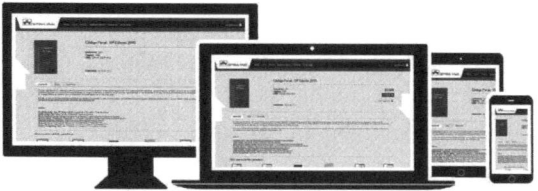

¡Gracias por confiar en nosotros!

La obra que acaba de adquirir incluye de forma gratuita la versión electrónica.

Acceda a nuestra página web para aprovechar todas las funcionalidades de las que dispone en nuestro lector.

Funcionalidades eBook

Acceso desde cualquier dispositivo con conexión a internet

Idéntica visualización a la edición de papel

Navegación intuitiva

Tamaño del texto adaptable

Síguenos en:

NUEVA FUNCIONALIDAD CON INTELIGENCIA ARTIFICIAL EN LOS LIBROS DE COLEX

| Una cortesía de Iberley.es |

En Colex damos un paso más en innovación jurídica. Desde ahora, las guías «Paso a paso» y los «Vademecum» incorporan una nueva funcionalidad basada en **inteligencia artificial**, gracias a la tecnología de **Iberley IA**.

El lector podrá interactuar directamente con el contenido del libro de forma inmediata, útil y centrada exclusivamente en su materia.

☑ **¿Qué puede hacer el usuario en el libro?**

💬 Realizar preguntas sobre el contenido del libro.

📚 Solicitar explicaciones de artículos, conceptos o normativa.

✳ Utilizar un ChatBot inteligente, contextualizado y acoplado al contenido legal del libro.

💡 Resolver dudas puntuales mientras se estudia o trabaja con la obra.

☒ **¿Qué no puede hacer esta versión del ChatBot?**

✗ No permite generar escritos jurídicos.

✗ No analiza ni responde documentos externos.

✗ No responde a consultas de otras materias distintas a la del libro.

Esta herramienta está pensada para enriquecer la experiencia de lectura y consulta del libro. Su uso es exclusivo sobre su contenido.

¿QUIERES IR MÁS ALLÁ? DESCUBRE IBERLEY IA

Si necesitas una **solución avanzada de inteligencia legal**, con cobertura total de materias y documentos, entra en **www.iberley.es** y accede a todas las funcionalidades profesionales:

CUADRO SIMBÓLICO DE FUNCIONALIDADES		
Funcionalidad	**En los libros Colex**	**En Iberley.es**
Preguntar sobre el contenido del libro	✓	✓
Solicitar explicaciones jurídicas	✓	✓
ChatBot integrado al contenido del libro	✓	✓
Consultas sobre otras materias	✗	✓
Análisis de documentos externos	✗	✓
Generación de escritos jurídicos	✗	✓
Traducción jurídica	✗	✓
Informes y resúmenes legales automáticos	✗	✓
Contratos, guías prácticas y emails para clientes	✗	✓
Estrategias judiciales y jurisprudencia instantánea	✗	✓

PAREJAS DE HECHO

Análisis de las particularidades de las
parejas de hecho con especial referencia
a la legislación autonómica

PAREJAS DE HECHO

Análisis de las particularidades de las parejas de hecho con especial referencia a la legislación autonómica

2.ª EDICIÓN 2025

Obra realizada por el Departamento de Documentación de Iberley

COLEX 2025

SUMARIO

ANEXO I.
CASOS PRÁCTICOS

ANEXO II.
FORMULARIOS

1.
LAS PAREJAS O UNIONES DE HECHO

¿Qué se entiende por pareja de hecho?

La RAE define el término pareja de hecho como aquella «pareja que convive sin haber contraído matrimonio, a la que le son reconocidos determinados efectos jurídicos en la medida en que cumpla los requisitos establecidos legalmente».

El Tribunal Supremo ha venido declarando que, si bien, esta materia carecía de normativa específica, ello no suponía un vacío legal, y así lo señaló en su **STS n.° 5/2003, de 17 de enero, ECLI:ES:TS:2003:122**:

> «La convivencia more uxorio, entendida como una relación a semejanza de la matrimonial, sin haber recibido sanción legal, no está regulada legalmente, ni tampoco prohibida por el Derecho: es ajurídica, pero no antijurídica; carece de normativa legal, pero produce o puede producir una serie de efectos que tienen trascendencia jurídica y deben ser resueltos con arreglo al sistema de fuentes del Derecho. La idea no es tanto el pensar en un complejo orgánico normativo —hoy por hoy inexistente— sino en evitar que la relación de hecho pueda producir un perjuicio no tolerable en Derecho a una de las partes, es decir, la protección a la persona que quede perjudicada por una situación de hecho con trascendencia jurídica».

La falta de regulación específica ya había llevado al Alto Tribunal a pronunciarse sobre esta materia a los efectos de ofrecer un concepto de estas situaciones de hecho, y así se refirió en su **STS, rec. 1255/90, de 18 de mayo de 1992, ECLI:ES:TS:1992:3952**, al decir que:

> «La convivencia «more uxorio» ha de desarrollarse en régimen vivencial de coexistencia diaria, estable, con permanencia temporal consolidada a lo largo de los años, practicada de forma externa y pública con acreditadas actuaciones conjuntas de los interesados, creándose así una comunal vida amplia, intereses y fines, en el núcleo de un mismo hogar».

La Audiencia Provincial de Madrid, en su **sentencia n.º 162/2021, de 3 de junio, ECLI:ES:APM:2021:7654**, también ha definido qué se entiende por unión de hecho en los términos siguientes:

> «Por unión extramatrimonial, libre, convivencia «more uxorio» o familia de hecho debe entenderse «la convivencia entre un hombre y una mujer, con plena capacidad jurídica de obrar, de carácter estable y público, que, sin haber contraído matrimonio entre sí, desarrollan un modelo de vida que coincide con el que acostumbran a realizar los cónyuges». Para que la convivencia entre un hombre y una mujer pueda catalogarse de «unión more uxorio» es imprescindible que su modelo de vida coincida con el canon de normalidad de la convivencia matrimonial. Y, faltando ese canon de normalidad, no nos encontraríamos ante una «unión more uxorio». La ausencia de ese canon de normalidad es irrelevante en la convivencia matrimonial, que no deja de serlo por alejarse de ese canon, pero, en la convivencia extramatrimonial, es la concurrencia de ese canon de normalidad la que le atribuye la condición de «unión more uxorio»».

En la actualidad, las distintas regulaciones autonómicas han establecido conceptos propios a los efectos de determinar qué se entiende por pareja de hecho y sus requisitos.

Por lo tanto, a la vista de lo hasta aquí expuesto, cabe extraer las siguientes **características definitorias de la pareja o unión de hecho**:

- Unión de dos personas del mismo o diferente sexo.
- Convivencia *more uxorio:* se exige una situación de convivencia estable y notoria.
- Vocación de permanencia.
- Relación de afectividad análoga a la conyugal.
- Falta de unión matrimonial.

Regulación de las parejas de hecho

Las parejas o uniones de hecho no tienen una **regulación propia** en el derecho **estatal**. Son las **comunidades autónomas** las que, con mayor o menor extensión, han abordado la materia en **su legislación propia**, ocupándose, por lo general, de la definición del concepto y de los requisitos para apreciar su estabilidad (condición imperativa de este tipo de uniones), de la publicidad a través de registros especiales y de los efectos de su constitución. Respecto de estos últimos, y sin perjuicio del estudio detallado de los mismos en los temas correspondientes, cabe citar a título de ejemplo:

- **Efectos en las relaciones personales**: las partes podrán establecer con libertad los pactos sobre las relaciones personales que han de regir entre ellos durante la convivencia, siempre que los mismos respeten los principios de libertad y de igualdad.
- **Efectos económicos**: respecto de los efectos patrimoniales habrá de estarse, en primer lugar, al pacto entre las partes. La jurisprudencia

del Tribunal Supremo se ha mostrado contraria a aplicar a las uniones de hecho el régimen económico matrimonial, en particular el de la sociedad de gananciales, como, por ejemplo, en la **STS n.º 299/2008, de 8 de mayo, ECLI:ES:TS:2008:2187**, y la **STS n.º 431/2010, de 7 de julio, ECLI:ES:TS:2010:3530**. En otras ocasiones, considera que se está ante una comunidad de bienes —**STS n.º 1048/2006, de 19 de octubre, ECLI:ES:TS:2006:6421**— y en otros ante una sociedad civil, siempre que sea evidente la voluntad (expresa o tácita) de los convivientes de formar un patrimonio común.

• **Efectos de la extinción**: ante la ruptura de la pareja, los convivientes pueden alcanzar un acuerdo sobre los efectos que la misma ha de provocar. Ese acuerdo, válido y eficaz, puede tener el mismo contenido que el convenio regulador. También puede contener otro tipo de pactos.

Pues bien, a falta de una regulación general estatal de esta materia y, no obstante, el examen de las distintas peculiaridades de las legislaciones autonómicas que se efectuará posteriormente, podemos citar las siguientes **comunidades que cuentan con normas reguladoras de las parejas o uniones de hecho:**

• Andalucía.

• Aragón.

• Asturias.

• Cataluña.

• Canarias.

• Cantabria.

• Extremadura.

• Galicia.

• Illes Balears.

• Comunidad de Madrid.

• Navarra.

• País Vasco.

• Comunidad Valenciana.

• Región de Murcia.

En las comunidades y ciudades autónomas donde no existe regulación específica de las parejas o uniones de hecho sí se prevé la existencia de un registro y la posible inscripción en él de quienes quieran constituirse como tales.

Por otra parte, la **Unión Europea ha abordado la cuestión a través del Reglamento (UE) 2016/1104 del Consejo, de 24 de junio de 2016,** por el que se establece una cooperación reforzada en el ámbito de la competencia, la ley aplicable, el reconocimiento y la ejecución de resoluciones en materia de efectos patrimoniales de las uniones registradas. La referida norma, que insiste en que el concepto de «unión registrada» debe seguir regulado por el derecho nacional de los Estados miembros, justifica su procedencia en la necesidad de facilitar el buen funcionamiento del mercado interior, eliminar los obstáculos a la libre circulación de las personas que hayan registrado su unión y las dificultades que encuentran esas parejas en la administración y división de su patrimonio. Así, el ámbito de aplicación del citado reglamento debe incluir todos los aspectos relativos a los **efectos patrimoniales de las uniones registradas**, tanto en relación con la administración cotidiana del patrimonio de los miembros de la unión como con su liquidación, especial-mente en caso de separación de la pareja o fallecimiento de uno de los inte-grantes, no debiendo aplicarse a ámbitos distintos del señalado.

2.
INSCRIPCIÓN DE LA PAREJA DE HECHO

Inscripción de la pareja de hecho

Como requisito constitutivo de las parejas de hecho cabe hacer referencia a la inscripción registral que sirve, además, para acreditar la existencia de aquellas y que, por consiguiente, se produzcan sus efectos.

La inscripción se efectuará en los registros de parejas de hecho existentes al efecto en las comunidades autónomas y en algunos municipios. **¿Cuál es la naturaleza de estos registros?** Se trata de registros administrativos. En ellos se podrá inscribir la constitución y la extinción de las parejas de hecho, así como los pactos que hayan de regir su convivencia.

Para llevar a cabo este trámite habrá de estarse a las distintas comunidades autónomas, cada una de las cuales tiene una regulación específica al respecto que se traduce en una tramitación propia. Sin perjuicio del estudio más detallado del trámite al tratar de las distintas comunidades autónomas y su regulación, cabe citar aquí las siguientes normas autonómicas:

- Andalucía: Decreto 35/2005, de 15 de febrero.
- Aragón: Decreto 203/1999, de 2 de noviembre, del Gobierno de Aragón.
- Principado de Asturias: Decreto 71/1994, de 29 de septiembre.
- Canarias: Decreto 60/2004, de 19 de mayo.
- Cantabria: Decreto 55/2006, de 18 de mayo.
- Castilla y León: Decreto 117/2002, de 24 de octubre.
- Castilla-La Mancha: Decreto 124/2000, de 11 de julio.
- Ciudad Autónoma de Melilla: Reglamento regulador del registro de parejas de hecho de la Ciudad Autónoma de Melilla.
- Comunidad Foral de Navarra: Decreto Foral 27/2021, de 14 de abril.
- Comunidad de Madrid: Decreto 134/2002, de 18 de julio.
- Comunitat Valenciana: Decreto 34/2022, de 1 de abril.

- Extremadura: Decreto 35/1997, de 18 de marzo.
- Galicia: Decreto 248/2007, de 20 de diciembre.
- Illes Balears: Decreto 112/2002, de 30 de agosto.
- La Rioja: Decreto 30/2010, de 14 de mayo.
- Región de Murcia: Ley 7/2018, de 3 de julio, de Parejas de Hecho de la Comunidad Autónoma de la Región de Murcia.
- País Vasco: Decreto 155/2017, de 16 de mayo.

Pues bien, constituida la pareja de hecho **¿cuál será el estado civil de los miembros de la misma?** El estado civil no cambiará en el caso de constitución de una pareja de hecho, es decir, sus integrantes **seguirán ostentando el estado civil de solteros/as,** no produciéndose, por tanto, efectos personales como los previstos para los cónyuges. No obstante, sí llevará consigo efectos patrimoniales toda vez que la vida en común de la pareja genera intereses económicos comunes, obligaciones y cargas, como así lo analizaremos en el tema correspondiente.

Asimismo, el **Tribunal Supremo en su sentencia n.º 1305/2023, de 23 de octubre, ECLI:ES:TS:2023:4419,** equipara a las parejas de hecho a los matrimonios a los efectos del título de familia numerosa, siempre y cuando se encuentren inscritas en un registro de uniones de hecho. Para nuestro Alto Tribunal, **la familia es la base y el objeto de la regulación de la Ley de Familias Numerosas** «sin que el vínculo conyugal o matrimonial tenga efectos constitutivos de la condición de familia numerosa». Asimismo, recuerda la resolución que el régimen de la ley entronca con el artículo 39.1 de la Constitución que contiene el mandato a los poderes públicos de asegurar la protección social, económica y jurídica de las familias.

El Supremo concluye que: «la aplicación del artículo 2.3 de la Ley de Protección de Familias Numerosas no excluye que tengan la consideración de ascendientes los dos progenitores aun cuando no haya vínculo conyugal, pero esté inscrita la pareja de hecho en un registro de uniones de hecho».

Por lo tanto, **esta sentencia otorga por primera vez a las parejas de hecho un reconocimiento legal,** ya que a partir de ahora formar parte de una familia numerosa exigirá el cumplimiento de la única condición de estar inscritos en un registro de uniones de hecho.

¿Cuáles son los requisitos necesarios para constituir una pareja de hecho?

Como ya hemos dicho, no existe regulación general de las parejas de hecho, siendo la normativa autonómica la que se ocupa de esta materia y, por tanto, los requisitos van a depender del lugar de que se trata, si bien, con carácter general, podemos referir los siguientes:

- Mayoría de edad o, en su caso, menores de edad emancipados.
- Convivencia acreditada en la forma que se prevea.
- Pago de la tasa que corresponda.

- No estar unido por vínculo matrimonial u otra pareja de hecho.
- Inscripción en el registro correspondiente.

‖ ¿Puede extinguirse la pareja de hecho?

Las distintas comunidades autónomas contemplan junto al trámite de constitución de las parejas de hecho, de forma análoga, la extinción de las mismas. Sin perjuicio de su regulación específica, podemos señalar como causas de extinción, con carácter general:

- **Unilateralmente**, por voluntad de uno de los miembros notificada al otro de forma fehaciente.
- **De mutuo acuerdo** entre los miembros de la pareja.
- **Por muerte o declaración de fallecimiento.**
- **Por matrimonio de cualquiera de los integrantes** entre ellos o con una tercera persona.

3.
LEGISLACIÓN APLICABLE A LAS PAREJAS DE HECHO SEGÚN LAS COMUNIDADES AUTÓNOMAS

¿Cómo se regulan las parejas de hecho en las distintas comunidades autónomas?

‖ ¿Qué normas hay en materia de parejas de hechos en las distintas comunidades autónomas?

A falta de una regulación estatal sobre las parejas de hecho, existe abundante normativa emanada de los legisladores autonómicos:

- Andalucía:
    » Ley 5/2002, de 16 de diciembre, de Parejas de Hecho.
    » Decreto 35/2005, de 15 de febrero, por el que se constituye y regula el Registro de Parejas de Hecho.
- Aragón:
    » Decreto Legislativo 1/2011, de 22 de marzo, del Gobierno de Aragón, por el que se aprueba, con el título de «Código del Derecho Foral de Aragón», el Texto Refundido de las Leyes civiles aragonesas.
    » Decreto 203/1999, de 2 de noviembre, del Gobierno de Aragón por el que se regula la creación y régimen de funcionamiento del Registro Administrativo, de Parejas estables no casadas.
- Canarias:
    » Ley 5/2003, de 6 de marzo, para la regulación de las parejas de hecho en la Comunidad Autónoma de Canarias.
    » Decreto 60/2004, de 19 de mayo, por el que se aprueba el Reglamento del Registro de Parejas de Hecho en la Comunidad Autónoma de Canarias.

- Cantabria:
  - » Ley de Cantabria 1/2005, de 16 de mayo, de Parejas de Hecho de la Comunidad Autónoma de Cantabria.
  - » Decreto 55/2006 de 18 de mayo, por el que se regula la estructura y funcionamiento del Registro de Parejas de Hecho de la Comunidad Autónoma de Cantabria.
- Castilla-La Mancha:
  - » Decreto 124/2000, de 11 de julio, por el que se regula la creación y el régimen de funcionamiento del Registro de parejas de hecho de la comunidad autónoma de Castilla-La Mancha.
  - » Decreto 120/2022, de 8 de noviembre, por el que se modifica el Decreto 124/2000, de 11 de julio, por el que se regula la creación y el régimen de funcionamiento del Registro de Parejas de Hecho de la comunidad autónoma de Castilla-La Mancha.
- Castilla y León:
  - » Decreto 117/2002, de 24 de octubre, por el que se crea el Registro de Uniones de Hecho en Castilla y León y se regula en funcionamiento.
- Cataluña:
  - » Ley 25/2010, de 29 de julio, del libro II del Código civil de Cataluña (capítulo IV del título III, arts. 234-1 a 234-14 del Código Civil Catalán).
- Comunitat Valenciana:
  - » Ley 5/2012, de 15 de octubre, de la Generalitat, por la que se regulan las uniones de Hecho Formalizadas de la Comunitat Valenciana.
  - » Decreto 34/2022 de 1 de abril, del Consell, por el que se regulan la organización y el funcionamiento del Registro de Uniones de Hecho Formalizadas, así como los procedimientos de inscripción, modificación y cancelación de uniones en el mismo.
- Extremadura:
  - » Ley 5/2003, de 20 de marzo, de parejas de hecho de la Comunidad Autónoma de Extremadura.
  - » Decreto 35/1997, de 18 de marzo, de creación del Registro de uniones de hecho.
- Galicia:
  - » Ley 10/2007, de 28 de junio, de reforma de la disposición adicional tercera de la Ley 2/2006, de 14 de junio, de derecho civil de Galicia.
  - » Decreto 248/2007, de 20 de diciembre, por el que se crea y se regula el Registro de Parejas de Hecho de Galicia.
  - » Decreto 17/2025, de 10 de marzo, por el que se modifica el Decreto 248/2007, de 20 de diciembre, por el que se crea y se regula el Registro de Parejas de Hecho de Galicia.

- Illes Balears:
  - » Ley 18/2001, de 19 de diciembre, de Parejas Estables.
  - » Decreto 112/2002, de 30 de agosto, mediante el cual se crea un Registro de Parejas Estables de las Illes Balears y se regula su organización y gestión.
- La Rioja:
  - » Decreto 30/2010, de 14 de mayo, por el que se crea el Registro de Parejas de Hecho de La Rioja.
  - » Decreto 10/2013, de 15 de marzo, por el que se modifica el Decreto 30/2010, de 14 de mayo, por el que se regula el Registro de Parejas de Hecho de la Comunidad Autónoma de La Rioja.
- Madrid:
  - » Ley 11/2001, de 19 de diciembre, de Uniones de Hecho de la Comunidad de Madrid.
  - » Decreto 134/2002, de 18 de julio, por el que se aprueba el Reglamento del Registro de Uniones de Hecho de la Comunidad de Madrid.
- Melilla:
  - » Reglamento Regulador del Registro de Parejas de Hecho de la Ciudad Autónoma de Melilla.
- Murcia:
  - » Ley 7/2018, de 3 de julio, de Parejas de Hecho de la Comunidad Autónoma de la Región de Murcia.

> **A TENER EN CUENTA**. El artículo 1.2 de la Ley 7/2018, de 3 de julio, ha sido modificada por el Decreto-ley 1/2025, de 5 de junio, de Simplificación Administrativa de la Región De Murcia (en vigor desde el 08/06/2025), de modo que, ahora se exige para la aplicación de la citada norma que ambos miembros de la pareja se hallen empadronados en el mismo domicilio y que tengan su residencia en Murcia.

- Navarra:
  - » Ley 1/1973, de 1 de marzo, por la que se aprueba la Compilación del Derecho Civil Foral de Navarra o Fuero Nuevo.
  - » Decreto Foral 27/2021, de 14 de abril, por el que se crea y se regula el Registro Único de Parejas Estables de la Comunidad Foral de Navarra.
  - » Orden Foral 22/2021, de 2 de agosto, por la que se desarrolla el Decreto Foral 27/2021, por el que se crea el Registro Único de Parejas Estables de la Comunidad Foral de Navarra.
- País Vasco:
  - » Ley 2/2003, de 7 de mayo, reguladora de las parejas de hecho, País Vasco.

» Decreto 155/2017, de 16 de mayo, por el que se aprueba el Reglamento regulador del Registro de Parejas de Hecho de la Comunidad Autónoma del País Vasco.

- Principado de Asturias:

» Ley 4/2002, de 23 de mayo, de Parejas Estables.

» Decreto 71/1994, de 29 de septiembre, por el que se crea el Registro de Uniones de Hecho.

Cuadros comparativos de las diferencias en la regulación de las parejas de hecho según las CC. AA.

CC. AA.	Inscripción	Tiempo de convivencia	Compensación económica	Extinción por cese efectivo convivencia	Derechos sucesorios	Menores emancipados	Empadronamiento
Andalucía	Voluntaria	No	Prevista en pactos.	Sí, por periodo superior a un año.	A residir en la vivienda habitual durante un año.	Sí	Al menos uno de los miembros.
Aragón	Voluntaria	Sí, mínimo de 2 años. No si se constituye en escritura pública.	Sí en los casos previstos. Reclamación en el plazo de 1 año.	Separación de hecho de más de un año.	Derecho al ajuar de la vivienda habitual y a residir en ella durante un año.	No	Ambos miembros de la pareja.
Canarias	Declarativa	Sí, al menos durante 1 año. Mera convivencia si tienen descendencia en común.	Prevista en pactos.	Separación de hecho de más de 6 meses.	No previstos.	Sí	Ambos miembros de la pareja.
Cantabria	Constitutiva y voluntaria	Sí, al menos durante 1 año. Mera convivencia si tienen descendencia en común.	Sí en los casos previstos.	Sí, por periodo superior a un año.	No previstos.	Sí	Ambos miembros de la pareja.
Castilla y León	Declarativa y voluntaria	Sí, mínimo 6 meses. Mera convivencia si tienen descendencia en común.	No previsto.	No previsto.	No previstos.	Sí	No previsto.

Castilla-La Mancha	Declarativa y voluntaria	Sí, sin tiempo.	No previsto.	No previsto.	No previstos.	Sí	De la pareja en el mismo domicilio en un municipio de Castilla-La Mancha.
Cataluña	Voluntaria	Sí, durante más de 2 años. No, si hijo en común. No, si consta en escritura pública.	Sí en los casos previstos.	Sí cuando se produzca ruptura de la comunidad de vida.	Derecho al ajuar de la vivienda habitual y a residir en ella durante un año.	Sí	No previsto.
Melilla	Voluntaria y constitutiva	Sí, al menos durante 1 año. Mera convivencia si tienen descendencia en común.	No previsto.	Separación de hecho de más de 6 meses.	No previstos.	Sí	Ambos miembros de la pareja.
Navarra	Voluntaria y declarativa	No previsto.	Sí en los casos previstos.	Sí cuando se produzca ruptura de la comunidad de vida.	Pactados por las partes.	Sí	No previsto.
Madrid	Obligatoria y constitutiva	Sí, al menos 12 meses.	No previsto.	Separación de hecho de más de 6 meses.	No previstos.	Sí	Ambos miembros de la pareja.
Comunidad Valenciana	Constitutiva	Sí, sin tiempo.	No previsto.	Sí, durante mínimo de 3 meses.	No previstos.	Sí	No previsto.
Extremadura	Constitutiva	Sí, mínimo de 1 año. No, constituida en documento público. Mera convivencia si tienen descendencia en común.	Sí en los casos previstos.	Sí, por periodo superior a un año.	No previstos.	Sí	Al menos uno de los miembros.
Galicia	Constitutiva y voluntaria	Sí, sin tiempo.	No previsto.	No previsto.	No previstos.	No	Al menos uno vecindad civil gallega. Ambos empadronados en el mismo domicilio de un municipio gallego.

Illes Balears	Cons-titutiva en unos casos y declara-tiva en otros	Sí, mínimo de 1 año.	Sí en los casos previstos.	Sí, por periodo superior a un año.	Derecho al ajuar de la vivienda común y a la subrogación en caso de arrenda-miento.	Sí	Ambos miem-bros de la pareja.
La Rioja	Declara-tiva	Sí, mínimo de 2 años. Mera con-vivencia si tienen des-cendencia en común.	No pre-visto.	No previsto.	No previstos.	Sí	Ambos resi-dencia legal y vecindad admi-nistrativa en La Rioja.
País Vasco	Constitu-tiva	No previsto.	Sí en los casos previstos.	No previsto.	Derecho al ajuar de la vivienda común y a su uso durante un año, salvo nueva pareja. Equiparación legal al cón-yuge viudo.	Sí	Al menos uno vecindad civil vasca.
Principado de Asturias	Voluntaria y constitu-tiva	Sí, mínimo de 1 año. No, cons-tituida en documento público. No, cuando se inscriba en el registro. Mera con-vivencia si tienen des-cendencia en común.	Sí en los casos previstos.	Sí, por periodo superior a un año.	No previstos.	Sí	No previsto.
Región de Murcia	Voluntaria y declara-tiva	No previsto.	No pre-visto.	Separación de hecho de más de 6 meses.	No previsto.	Sí	Ambos miem-bros de la pareja.

|| Andalucía

Las parejas de hecho en Andalucía se regulan por la **Ley 5/2002, de 16 de diciembre, de Parejas de Hecho,** que tiene por **objeto** establecer un conjunto de medidas que contribuyan a garantizar el principio de no discriminación en la interpretación y aplicación del ordenamiento jurídico de la Comunidad Autónoma de Andalucía, de manera que **nadie pueda ser discriminado por razón del grupo familiar del que forma parte, tenga este su origen en la filiación, en el matrimonio, o en la unión estable de dos personas que con-**

vivan en relación de afectividad análoga a la conyugal, con independencia de su sexo.

¿A quiénes le será de aplicación la Ley 5/2002, de 16 de diciembre? De acuerdo con su artículo 2 *«(...) a las parejas que, al menos uno de sus miembros tenga su residencia habitual en cualquier municipio de Andalucía, y que ninguno de sus miembros se encuentre inscrito en otro registro como pareja de hecho».*

CUESTIÓN

¿Quién no podrá formar pareja de hecho en Andalucía?

Según el artículo 3.2 de la Ley 5/2002, de 16 de diciembre:

a) Los menores de edad no emancipados.

b) Los que estén ligados con vínculo matrimonial o pareja de hecho anterior inscrita.

c) Los parientes en línea recta por consanguinidad o adopción.

d) Los colaterales por consanguinidad en segundo grado.

¿Cómo se acreditará la constitución de una pareja de hecho? Documentando las siguientes circunstancias (art. 5 de la Ley 5/2002, de 16 de diciembre):

• Identificación personal.

• Estado civil.

• Residencia habitual en un municipio de la Comunidad Autónoma de Andalucía (al menos uno de los miembros).

• Declaración de no hallarse incurso en ninguno de los casos previstos en el apartado 2 del artículo 3 de la Ley 5/2002, de 16 de diciembre.

• Declaración de voluntad de constituir una pareja de hecho.

CUESTIÓN

¿De qué manera se realizará la declaración de voluntad de constituir pareja de hecho?

La declaración de voluntad de constituir una pareja de hecho podrá realizarse mediante comparecencia personal de los interesados ante el titular del órgano encargado del registro correspondiente, o ante el alcalde o alcaldesa, concejal o concejala o funcionario/a en quien delegue, en la que manifiesten su consentimiento de mantener una relación de convivencia estable, conforme a lo dispuesto en la Ley 5/2002, de 16 de diciembre. El acto tendrá carácter público, salvo que los interesados soliciten expresamente que este se desarrolle de forma reservada (art. 5.2 de la Ley 5/2002, de 16 de diciembre).

Asimismo, la declaración de voluntad de constituir una pareja de hecho podrá efectuarse mediante el otorgamiento de escritura pública o por cualquier otro medio de prueba admisible en Derecho.

El **registro de parejas de hecho** encuentra su regulación en el artículo 6 de la Ley 5/2002, de 16 de diciembre, y en el Decreto 35/2005, de 15 de febrero, por el que se constituye y regula el Registro de Parejas de Hecho. La inscripción en este registro será **voluntaria**.

¿Qué efectos producirá la inscripción registral de la pareja de hecho? Producirá ante las Administraciones públicas de Andalucía la **presunción de convivencia de los miembros de la pareja de hecho,** salvo prueba en contrario. Y los beneficios de la Ley 5/2002, de 16 de diciembre, serán aplicables a las parejas de hecho a partir de su inscripción en el registro.

Asimismo, **el acceso a los datos obrantes en el registro,** así como la expedición de certificaciones, quedarán limitados a los propios interesados, salvo que estos autoricen a terceros para la obtención de una información determinada.

> **CUESTIÓN**
>
> **¿Cómo podrá promoverse la nulidad de la inscripción de pareja de hecho?**
>
> Podrá promoverse de oficio o a instancia de los interesados, conforme a las normas administrativas de procedimiento, y en los casos en que se hubiera acreditado la constitución de la pareja de hecho mediante ocultamiento de datos, falseamiento o con una finalidad fraudulenta.

Pero ¿**las parejas de hecho podrán establecer un régimen económico?** Sí, y podrán establecerlo tanto para mientras dure la relación como para el término de la misma. Asimismo, **los pactos que acordaren podrán establecer compensación económica cuando tras el cese de la convivencia se produzca un desequilibrio económico en uno de los convivientes,** en relación a la posición del otro y que suponga una merma con respecto a su situación previa al establecimiento de la convivencia.

¿**Cuándo se considerará disuelta una pareja de hecho?** A tenor de lo dispuesto en el artículo 12 de la Ley 5/2002, de 16 de diciembre, cuando se produzca una de las siguientes circunstancias:

- **Muerte o declaración de fallecimiento** de alguno de sus integrantes.
- **Matrimonio de la pareja** o de uno de sus miembros.
- **Mutuo acuerdo.**
- **Voluntad unilateral** de uno de sus integrantes.
- **Cese efectivo de la convivencia por un período superior a un año.**

El miembro de la pareja de hecho que haya tramitado la cancelación deberá notificarlo fehacientemente a la otra parte, sin perjuicio de la notificación obligatoria del registro.

Asimismo, los miembros de la pareja estable **son responsables solidarios frente a terceras personas de las obligaciones contraídas por los gastos necesarios para el mantenimiento de la casa.**

> **CUESTIÓN**
>
> **¿Qué ocurre en caso de fallecimiento de uno de miembros de la pareja de hecho?**
>
> En el supuesto de no existencia de pacto, en caso de fallecimiento de uno de los miembros de la pareja, el que sobreviva tendrá derecho, independientemente de quienes sean los herederos, a residir en la vivienda habitual durante el plazo de un año.

En cuanto a los **efectos tributarios y beneficios fiscales**, en el régimen tributario fiscal y autonómico, la convivencia por unión estable de una pareja **se equiparará al matrimonio** siempre que la misma y su acreditación reúnan los requisitos previstos en la Ley 5/2002, de 16 de diciembre.

Además, en las materias que no estén reguladas por la Ley 5/2002, de 16 de diciembre expresamente, **las parejas de hecho quedarán equiparadas al matrimonio en las relaciones jurídicas que puedan establecer con las diversas Administraciones públicas de Andalucía en su propio ámbito de competencias**, con las únicas limitaciones que puedan resultar impuestas por la aplicación de la normativa estatal (art. 22 de la Ley 5/2002, de 16 de diciembre).

|| Aragón

Las parejas de hecho en Aragón se regulan en el título VI «De las parejas estables no casadas», artículos 303 a 315 del Decreto Legislativo 1/2011, de 22 de marzo, del Gobierno de Aragón, por el que se aprueba, con el título de «Código del Derecho Foral de Aragón», el Texto Refundido de las Leyes civiles aragonesas.

En Aragón se consideran parejas estables no casadas las formadas por **personas mayores de edad entre las que exista relación de afectividad análoga a la conyugal** y que cumplan los requisitos y formalidades que se establecen en el citado título VI del Decreto Legislativo 1/2011, de 22 de marzo.

Asimismo, para que a una pareja estable no casada le sean aplicables las medidas administrativas que le correspondan, **deberá estar inscrita en un registro de la Diputación General de Aragón**, así como anotada o mencionada en el registro civil competente si la legislación estatal lo previera.

Pero **¿cuándo se considera que hay pareja estable no casada?** Cuando se haya producido la convivencia marital durante un período ininterrumpido de 2 años, como mínimo, o se haya manifestado la voluntad de constituirla mediante escritura pública.

CUESTIONES

1. ¿Cómo se acreditará el periodo de convivencia de dos años?

En caso de que no exista escritura pública, mediante cualquiera de los medios de prueba admitidos en derecho, especialmente, a través de acta de notoriedad o documento judicial que acredite convivencia.

2. ¿Quién no podrá formar pareja de hecho en Aragón?

De acuerdo con el artículo 306 del Decreto Legislativo 1/2011, de 22 de marzo:

a) Los que estén ligados con vínculo matrimonial.

b) Los parientes en línea recta por consanguinidad o adopción.

c) Los colaterales por consanguinidad o adopción hasta el segundo grado.

d) Los que formen pareja estable con otra persona.

La convivencia de la pareja y **los derechos y obligaciones correspondientes podrán regularse en sus aspectos personales y patrimoniales mediante** convenio recogido en escritura pública, conforme al principio de libertad de pactos, siempre que no perjudiquen los derechos o dignidad de cualquiera de los otorgantes y no sean contrarios a normas imperativas aplicables en Aragón (art. 307.1 del Decreto Legislativo 1/2011, de 22 de marzo).

Asimismo, los miembros de la pareja estable **contribuirán al mantenimiento de la vivienda y gastos comunes con sus recursos, en proporción a sus ingresos respectivos y, si no son suficientes, de acuerdo con sus patrimonios,** sin perjuicio de que cada uno conserve la propiedad, administración y disfrute de sus propios bienes.

CUESTIÓN

¿Qué se considerarán gastos comunes?

Los necesarios para su mantenimiento y el de los hijos comunes o no que convivan con ellos, incluyendo el derecho a alimentos, educación, atenciones médico-sanitarias y vivienda. Además, ambos miembros de la pareja responden solidariamente ante terceras personas de las obligaciones contraídas por los mencionados gastos, en cualquier otro caso, tan solo respondería quien hubiera contraído la obligación.

¿Se podrán establecer capitulaciones matrimoniales que rijan la pareja estable? Sí, así lo dispone el artículo 308 del Decreto Legislativo 1/2011, de 22 de marzo, si así lo hubieran acordado expresamente en la escritura, **el régimen de convivencia y de derechos y obligaciones de la pareja estable no casada adquirirá el valor de capitulaciones matrimoniales, en caso de que los miembros de la pareja contrajeran matrimonio.**

¿Cuándo se extinguirá la pareja estable no casada? De acuerdo con el artículo 309 del Decreto Legislativo 1/2011, de 22 de marzo:

• Por la muerte o declaración de fallecimiento de uno de sus integrantes.

• De común acuerdo.

• Por decisión unilateral.

• Por separación de hecho de más de un año.

• Por matrimonio de uno de sus miembros.

Asimismo, cualquier miembro de la pareja estable podrá proceder, unilateralmente, a su revocación, notificándolo fehacientemente al otro, y además los dos miembros de la pareja están obligados, aunque sea separadamente, a dejar sin efecto la escritura pública que, en su caso, se hubiera otorgado.

A TENER EN CUENTA. La extinción de la pareja estable no casada implica la revocación de los poderes que cualquiera de los miembros haya otorgado a favor del otro (art. 309.5 del Decreto Legislativo 1/2011, de 22 de marzo).

CUESTIÓN

En caso de ruptura de la convivencia, ¿las partes de la pareja estable no casada mediante escritura pública podrá formalizar una nueva pareja estable no casada?

Sí, pero una vez transcurridos 6 meses desde que dejaron sin efecto el documento público correspondiente a la convivencia anterior.

¿Qué efectos patrimoniales tendrá la extinción de la pareja estable no casada cuando la misma se produzca en vida? En caso de que la convivencia haya supuesto una situación de desigualdad patrimonial entre ambos convivientes que implique un enriquecimiento injusto, **podrá exigirse una compensación económica por el conviviente perjudicado** en los siguientes casos:

- Cuando el conviviente ha contribuido económicamente o con su trabajo a la adquisición, conservación o mejora de cualquiera de los bienes comunes o privativos del otro miembro de la pareja estable no casada.

- Cuando el conviviente, sin retribución o con retribución insuficiente, se ha dedicado al hogar, o a los hijos del otro conviviente, o ha trabajado para este.

El **plazo** para la reclamación de esta compensación económica será de **1 año a contar desde la extinción de la pareja estable no casada**, ponderándose equilibradamente en razón de la duración de la convivencia.

¿Qué ocurrirá en caso de fallecimiento de uno de los convivientes? El **supérstite tendrá derecho**, cualquiera que sea el contenido de la escritura de constitución, del testamento o de los pactos sucesorios, **al mobiliario, útiles e instrumentos de trabajo que constituyan el ajuar de la vivienda habitual, con exclusión solamente de las joyas u objetos artísticos de valor extraordinario o de los bienes de procedencia familiar.**

Asimismo, el supérstite podrá, independientemente de los derechos hereditarios que se le atribuyeran, **residir gratuitamente en la vivienda habitual durante el plazo de un año.**

En caso de fallecimiento de un miembro de una pareja estable no casada, el otro miembro de la pareja debe poder **tomar parte, en las mismas condiciones que en caso de matrimonio, en los trámites y las gestiones relativos a la identificación y disposición del cadáver, el entierro, la recepción de objetos personales o cualquier otro trámite** o gestión necesaria.

A TENER EN CUENTA. Los miembros de la pareja están obligados a prestarse entre sí alimentos, con preferencia a cualesquiera otras personas legalmente obligadas.

El registro de parejas estables no casadas se regula en el **Decreto 203/1999, de 2 de noviembre, el Gobierno de Aragón, por el que se regula la creación y el régimen de funcionamiento del Registro Administrativo de parejas estables no casadas,** y al mismo tendrán acceso **las uniones que formen una pareja no casada, que conviva en relación de afectividad análoga a la conyugal, siempre que sus miembros tengan la vecindad administrativa en Aragón,** al estar empadronados en cualquiera de los municipios de la Comunidad Autónoma, cualquiera que sea su vecindad civil.

¿Cuáles son los requisitos de inscripción? De acuerdo con el **artículo 3 del Decreto 203/1999, de 2 de noviembre:**

- **Voluntad** de constitución de la pareja estable no casada **manifestada mediante escritura pública, o convivencia marital durante un periodo ininterrumpido de 2 años acreditado por acta de notoriedad, documento judicial, o mediante cualquiera de los medios de prueba admitidos en derecho.

- Ser **mayores de edad**.
- No **tener una relación de parentesco** en línea recta por consanguinidad o adopción, ni colateral por consanguinidad o adopción hasta el segundo grado.
- No estar ligados con **vínculo matrimonial**.
- No formar **pareja estable no casada** con otra persona.
- Tener **vecindad administrativa en cualquiera de los municipios de Aragón**.

Serán objeto de inscripción en el referido registro **tanto la constitución como la extinción** de pareja estable no casada.

Pero **¿qué efectos produce la inscripción en el registro de parejas estables no casadas?** Las inscripciones serán, en todo caso, voluntarias, si bien, se constituye en requisito necesario para la aplicación a los miembros de la pareja estable no casada de los derechos y obligaciones reconocidos a los cónyuges por la normativa de Derecho Público Aragonés.

|| Canarias

Las parejas de hecho en Canarias se regulan en la Ley 5/2003, de 6 de marzo, para la regulación de las parejas de hecho en la Comunidad Autónoma de Canarias, y será de aplicación a las **personas que convivan en pareja de forma libre, pública y notoria, vinculadas de forma estable con independencia de su orientación sexual, al menos durante un periodo ininterrumpido de 1 año**, existiendo una relación de afectividad, siempre que se cumplan los requisitos exigidos.

Si la pareja tuviera descendencia en común bastará con la mera convivencia.

Pero **¿quién no puede constituir pareja de hecho?**

- Los menores de edad no emancipados.
- Las personas ligadas por el vínculo del matrimonio.
- Las personas que forman una unión estable con otra persona simultáneamente.
- Los parientes en línea recta por consanguinidad o adopción.
- Los parientes colaterales por consanguinidad o adopción dentro del tercer grado.
- Las personas legalmente incapacitadas mediante sentencia judicial firme.

Asimismo, los dos miembros de la pareja de hecho han de estar empadronados en alguno de los ayuntamientos de la Comunidad Autónoma de Canarias y tener residencia legal en España.

El **carácter del Registro de Parejas de Hecho de la Comunidad Autónoma de Canarias será administrativo** y la inscripción en el mismo tendrá **efectos declarativos** sobre la constitución, modificación y extinción de la pareja de hecho, así como sobre los pactos reguladores de la convivencia. Tener en cuenta aquí el Decreto 60/2004, de 19 de mayo, por el que se aprueba el Reglamento del Registro de Parejas de Hecho en la Comunidad Autónoma de Canarias.

CUESTIÓN

¿Cómo se acreditará la existencia de una pareja de hecho en Canarias?

– Mediante la inscripción en el Registro Administrativo de Parejas de Hecho de la Comunidad Autónoma de Canarias.

– Mediante escritura pública otorgada conjuntamente por ambos miembros de la pareja.

– Por cualquier medio de prueba admisible en derecho y suficiente.

Y, la formalización de estas uniones tiene efecto, según los casos, a partir de la fecha de inscripción registral, de la fecha de autorización del documento, o de la fecha de constatación de la suficiencia del medio de prueba aportado.

¿Las parejas de hecho podrán regular su convivencia de algún modo? Sí, de acuerdo con el artículo 7.1 de la Ley 5/2003, de 6 de marzo:

«Los miembros de la pareja podrán regular válidamente, por cualquier forma, verbal o escrita, admitida en Derecho, las relaciones personales y patrimoniales derivadas de la convivencia, con indicación de los derechos y deberes respectivos. Entre dichos derechos podrá pactarse el de obtener información y autorización médica en relación con el otro miembro de la pareja, en los casos en que razones médicas lo exijan o aconsejen. También pueden regular las compensaciones económicas que convengan para el caso de cese de la convivencia».

Si bien los pactos de convivencia deberán constar en escritura pública o en otro documento que reúna las condiciones de autenticidad y podrán inscribirse voluntariamente en el Registro de Parejas de Hecho, siempre y cuando no sean contrarios a las leyes o limitativos de la igualdad de derechos que corresponden a cada conviviente. En ningún caso, se inscribirán los pactos cuyo objeto sea exclusivamente personal o atenten a la esfera de la intimidad de los convivientes.

CUESTIÓN

¿Qué ocurrirá si los miembros de la pareja de hecho no han regulado su convivencia?

En defecto de pacto, se presumirá, salvo prueba en contrario, que los miembros de la pareja contribuyen al mantenimiento del hogar y a los gastos comunes con el trabajo doméstico y con sus recursos, en proporción a sus ingresos respectivos y, si no son suficientes, de acuerdo con sus patrimonios respectivos.

| ¿Por qué causas se extinguirán las parejas de hecho?

- Por mutuo acuerdo.
- Por decisión unilateral de uno de los miembros de la pareja notificada al otro por cualquiera de las formas admitidas en Derecho.
- Por muerte de uno de los miembros de la pareja.
- Por separación de hecho de más de seis meses.
- Por contraer matrimonio uno de los miembros de la pareja.

Los dos miembros de la pareja están obligados, aunque sea separadamente, a dejar sin efecto la escritura pública que, en su caso, se hubiera otorgado.

|| Cantabria

Las parejas de hecho en Cantabria se regulan en la Ley 1/2005, de 16 de mayo, de parejas de hecho de la Comunidad Autónoma de Cantabria y en el Decreto 55/2006, de 18 de mayo, por el que se regula la estructura y funcionamiento del Registro de Parejas de Hecho de la Comunidad Autónoma de Cantabria.

En la Comunidad Autónoma de Cantabria se considera pareja de hecho a la que resulta de la **unión de dos personas de forma estable, libre, pública y notoria, en una relación afectiva análoga a la conyugal, con independencia de su orientación sexual.**

Pero **¿qué se considera que la unión es estable?** cuando sus integrantes reúnan alguno de los siguientes requisitos de acuerdo con el artículo 4.3 de la Ley 1/2005, de 16 de mayo:

- Que hubieran convivido en el **mismo domicilio al menos un año de forma ininterrumpida.**
- Que tengan **descendencia común, natural o adoptiva.**

No obstante, **en ningún caso podrá acreditarse el periodo de convivencia de un año exclusivamente mediante declaración de las partes de la pareja ni de testigos.**

| Requisitos de la inscripción

De acuerdo con el **artículo 4 de la Ley 1/2005, de 16 de mayo:**

«1. Podrán inscribirse en el Registro de Parejas de Hecho de la Comunidad Autónoma de Cantabria aquellas parejas de hecho en las que ambas partes se hallen empadronadas y tengan su residencia efectiva en cualquier municipio de Cantabria con una antelación mínima de seis meses.

No obstante, si la pareja procediera de otra Comunidad Autónoma en la que estuviera inscrita en un registro de parejas de hecho o similar naturaleza de la Administración de aquella comunidad autónoma, no será exigible el empadronamiento y residencia mínima de seis meses en cualquier municipio de Cantabria, siempre que, en el momento de la solicitud, ambas partes de la pareja se encuentren empadronadas y con residencia efectiva en cualquier municipio de Cantabria.

Salvo prueba en contrario, se considerará, a los efectos de este artículo, que las personas interesadas tienen su residencia efectiva en el municipio en que se encuentren empadronadas, con independencia de su nacionalidad».

Asimismo, a **efectos de toda normativa administrativa de Derecho público de la Comunidad Autónoma de Cantabria**, las parejas de hecho inscritas en el Registro **gozarán de los mismos beneficios, derechos y obligaciones que el matrimonio y,** en la aplicación de los tributos cedidos por el Estado, la equiparación de la pareja de hecho inscrita al matrimonio y de cada componente al cónyuge se limitará a aquellos elementos de cada tributo cedido sobre los que la Comunidad Autónoma de Cantabria haya asumido las competencias normativas que le otorga la legislación sobre financiación autonómica.

También se equiparará al matrimonio en la aplicación de los tributos propios de la Comunidad Autónoma de Cantabria.

A TENER EN CUENTA. En el caso de que una parte integrante de la pareja o ambas estén ligadas por vínculo matrimonial a otra persona al tiempo de iniciar la relación, el tiempo de convivencia transcurrido hasta el momento en que la última de las partes integrantes obtenga la disolución o, en su caso, la nulidad, se tendrá en cuenta en el cómputo del periodo mínimo indicado de un año.

| **¿Quiénes no podrán inscribirse como parejas de hecho?**

- Parejas ya inscritas en otro registro de uniones de hecho de otra comunidad autónoma.
- Personas menores de edad no emancipadas.
- Personas ligadas por un vínculo matrimonial.
- Personas que formen una pareja de hecho debidamente inscrita con otra persona en cualquier registro de los referidos en la disposición adicional tercera de la Ley 1/2005, de 16 de mayo.
- Parientes en línea recta por consanguinidad o adopción.
- Parientes en línea colateral por consanguinidad o adopción hasta el segundo grado.
- Personas que hayan sido declaradas incapaces para prestar consentimiento válidamente por sentencia judicial firme.

No obstante, si la pareja procediera de otra comunidad autónoma en la que estuviera inscrita en un registro de parejas de hecho o similar naturaleza de la Administración de aquella comunidad autónoma, no será exigible el empadronamiento y residencia mínima de 6 meses en cualquier municipio de Cantabria, siempre que, en el momento de la solicitud, ambas partes de la pareja se encuentren empadronadas y con residencia efectiva en cualquier municipio de Cantabria.

En cuanto al **régimen de convivencia** las partes integrantes de la pareja de hecho **podrán establecer válidamente, en escritura pública, los pactos que consideren convenientes para regir sus relaciones económicas durante la convivencia y para liquidarlas tras su cese.**

Estos pactos, **podrán inscribirse** en el Registro de Parejas de Hecho de la Comunidad Autónoma de Cantabria **con efectos meramente declarativos y no constitutivos**, a petición de ambas partes integrantes de la pareja.

Y, **en defecto de pacto, se presumirá, salvo prueba en contrario, que los componentes de la pareja de hecho contribuyen al mantenimiento de la vivienda y de los gastos comunes de forma proporcional a sus posibilidades** mediante aportación económica o trabajo personal.

En todo caso, los citados pactos, estén o no inscritos, sólo surtirán efectos entre las partes firmantes y nunca podrán perjudicar a una tercera persona.

CUESTIÓN

Los miembros de la pareja de hecho, ¿podrán reclamar alguna compensación económica?

Sí, de acuerdo con el artículo 9 de la Ley 1/2005, de 16 de mayo, y en el caso de que se produzca la disolución en vida de la pareja de hecho, si la convivencia ha supuesto una situación de desigualdad patrimonial entre ambas partes integrantes que implique un enriquecimiento injusto, podrá exigirse una compensación económica por la parte conviviente perjudicada que, sin retribución o con retribución insuficiente, haya trabajado para el hogar común o para la otra parte integrante.

¿Cuáles son las causas de disolución de una pareja de hecho en Cantabria?

- La muerte o declaración de fallecimiento de una de las partes integrantes de la pareja de hecho.
- El mutuo acuerdo.
- La voluntad unilateral de una de las partes integrantes, notificada fehacientemente a la otra.
- El matrimonio entre las partes integrantes de la pareja.
- El matrimonio de cualquiera de las partes que componen la pareja de hecho con una tercera persona.
- El cese efectivo de la convivencia por un período superior a un año.

Y, **¿qué efectos producirá la disolución de la pareja de hecho?** Implica la revocación de los pactos inscritos en el registro de parejas de hecho y en aquellos casos en que conste fehacientemente que la pareja ha sido disuelta por fallecimiento de una o de las dos partes integrantes de la pareja de hecho o por el matrimonio de una o de ambas, se cancelará la inscripción de oficio o a instancia de parte interesada.

CUESTIONES

1. ¿Podrán los miembros de una pareja de hecho prestar el consentimiento escrito para una intervención o tratamiento del otro miembro de la pareja?

Sí, de acuerdo con el artículo 16.2 de la Ley 1/2005, de 16 de mayo, «si fuera necesario el consentimiento escrito de un paciente para una intervención o tratamiento y éste se encontrara imposibilitado para adoptar decisiones, su pareja tendrá el derecho que la legislación sanitaria otorga a los familiares y allegados en idénticas situaciones».

---

2. En los casos de parejas de hecho inscritas en registros de parejas de hecho de otras CC. AA., ¿tendrán los mismos beneficios que las parejas de hecho inscritas en los registros de Cantabria?

Sí, siempre y cuando dichos registros exijan para su inscripción, al menos, los mismos requisitos que los establecidos en la Ley 1/2005, de 16 de mayo.

A TENER EN CUENTA. Todas las referencias hechas al matrimonio en las normas legales y reglamentarias aprobadas en la Comunidad Autónoma de Cantabria con anterioridad a la entrada en vigor de la Ley 1/2005, de 16 de mayo, se entenderán hechas también a las parejas de hecho.

En cuanto al Registro de Parejas de Hecho, el mismo tiene **carácter administrativo y voluntario** si bien, la inscripción de la unión en el mismo será **constitutiva**. Asimismo, la estructura y funcionamiento del mismo se regula en el Decreto 55/2006 de 18 de mayo, por el que se regula la estructura y funcionamiento del Registro de Parejas de Hecho de la Comunidad Autónoma de Cantabria.

‖ Castilla y León

La Comunidad Autónoma de Castilla y León no cuenta con una ley que regule el funcionamiento de las parejas de hecho, si bien sí cuenta con el Decreto 117/2002, de 24 de octubre, por el que se crea el Registro de Uniones de Hecho en Castilla y León y se regula su funcionamiento.

El Registro de Uniones de Hecho de Castilla y León tendrá carácter administrativo y podrán inscribirse las **uniones que formen una pareja no casada, incluso del mismo sexo, en relación afectiva análoga a la conyugal**, de forma libre, cuyos componentes **hayan convivido, como mínimo, un período de 6 meses o mera convivencia cuanto tengan descendencia en común**, y tengan su residencia habitual en la Comunidad de Castilla y León.

¿Qué requisitos tendrá que cumplir la pareja de hecho para poder ser inscrita en el Registro de Parejas de Hechos?

- Ser mayores de edad o menores emancipados.
- No tener relación de parentesco en línea recta por consanguinidad o adopción, ni colateral por consanguinidad o adopción hasta el segundo grado.
- No estar ligados por vínculo matrimonial.
- No formar unión de hecho con otra persona.
- No estar incapacitados judicialmente.

CUESTIÓN

La inscripción de la pareja de hecho en el registro de parejas de hecho de Castilla y León, ¿tendrá efectos declarativos o constitutivos?

De acuerdo con el artículo 5.1 del Decreto 117/2002, de 24 de octubre, tendrá efectos declarativos sobre la constitución y extinción de las uniones de hecho, así como respecto de los contratos reguladores de las relaciones personales y patrimoniales y su modificación. Además, la inscripción será voluntaria.

|| Castilla-La Mancha

Al igual que en Castilla y León, la Comunidad Autónoma de Castilla-La Mancha no cuenta con una ley que regule el funcionamiento de las parejas de hecho, pero sí cuenta con regulación para el régimen de funcionamiento del registro de parejas de hecho a través del Decreto 124/2000, de 11 de julio, por el que se regula la creación y el régimen de funcionamiento del Registro de parejas de hecho de la comunidad autónoma de Castilla-La Mancha que ha sido modificado por el Decreto 120/2022, de 8 de noviembre.

El registro de parejas de hecho de Castilla-La Mancha tendrá **carácter exclusivamente administrativo**.

¿Quiénes tendrán acceso a la inscripción en el referido registro? Las uniones que formen una pareja no casada y que convivan en relación afectiva análoga a la conyugal, de forma libre, siendo ambos residentes en la Comunidad Autónoma de Castilla-La Mancha.

Y **¿qué requisitos deberán concurrir para efectuar dicha inscripción? De acuerdo con el artículo 3** del Decreto 124/2000, de 11 de julio

- Manifestar la voluntad de inscribirse como pareja estable no casada.
- Ser mayor de edad o menor emancipado.
- No tener con la otra persona, miembro de la pareja, una relación de parentesco en línea recta por consanguineidad o adopción, o colateral por consanguinidad o adopción hasta el tercer grado.
- No estar ligado por vínculo matrimonial ni formar pareja estable no casada con otra persona.
- En el caso de que una persona tenga establecidas medidas de apoyo por razón de discapacidad, se estará a lo que se disponga en estas.
- No tener constituida una pareja o unión de hecho, inscrita en un Registro de parejas de hecho o de similar naturaleza de otra Comunidad Autónoma.
- Convivencia con la otra persona, miembro de la pareja, en algún municipio de la Comunidad Autónoma de Castilla-La Mancha. **Para acreditar la convivencia bastará el certificado de empadronamiento de los miembros de la pareja en el mismo domicilio** de algún municipio de la Comunidad Autónoma de Castilla-La Mancha, sin perjuicio de su acreditación por cualquier otro medio de prueba.

CUESTIONES

1. ¿Cómo se podrá manifestar la voluntad de inscribirse como pareja de hecho?

De acuerdo con el artículo 3.1 del del Decreto 124/2000, de 11 de julio y modificado por Decreto 120/2022, de 8 de noviembre, mediante:

Comparecencia personal y conjunta de ambos miembros de la pareja ante el personal funcionario del Registro de parejas de hecho o de alguna de las Oficinas de Información y Registro de la Junta de Comunidades de Castilla-La Mancha. El personal funcionario responsable levantará acta de la comparecencia que quedará incorporada al expediente, previa acreditación de las respectivas identidades mediante la exhibición del documento nacional de identidad o, en su defecto, pasaporte o permiso de conducir, si se trata de personas españolas, y del pasaporte o, en su defecto, cualquier otro documento que los identifique, si se trata de personas extranjeras. Se excepciona de la exigencia de comparecencia a las personas componentes de la pareja que acrediten padecer una enfermedad grave que requiera ingreso hospitalario, se encuentren ingresadas en un establecimiento penitenciario o sean víctimas de violencia de género, con arreglo a la documentación que se indique en las disposiciones de desarrollo del presente decreto.

Escritura pública, acta de notoriedad o documento privado con firmas legalizadas notarialmente.

2. La inscripción de la pareja de hecho en el Registro de Parejas de Hecho de Castilla-La Mancha, ¿tendrá efectos constitutivos o declarativos?

Tendrá efectos declarativos sobre la constitución, modificación y extinción de las parejas de hecho, así como respecto a los contratos reguladores de las relaciones personales y patrimoniales (art. 5.1 del Decreto 124/2000, de 11 de julio).

A TENER EN CUENTA. A afectos de acreditar el cumplimiento de los requisitos mencionados, carecerá de validez la documentación que haya sido expedida o cuyo contenido tenga efectos anteriores a los 3 meses previos a la fecha de entrada de la solicitud en el Registro (art. 3.2 del Decreto 124/2000, de 11 de julio).

En atención a lo dispuesto en el artículo 4 del Decreto 124/2000, de 11 de julio, serán objeto de inscripción:

- La constitución, modificación y extinción de la pareja.
- Los contratos reguladores de las relaciones personales y patrimoniales entre los miembros de la pareja.

Para cualquier inscripción en el registro será necesario el consentimiento conjunto de los miembros de la pareja.

|| Cataluña

Las uniones de hecho se encuentran reguladas en los arts. 234-1 a 234-14 del Código Civil Catalán.

El artículo 234-1 del Código Civil Catalán se encarga de establecer en qué casos dos personas que conviven en una comunidad de vida análoga a la matrimonial, serán considerados pareja estable:

- Si la convivencia dura más de dos años ininterrumpidos.
- Si durante la convivencia, tienen un hijo común.
- Si formalizan la relación en escritura pública.

La convivencia estable en pareja requiere el cumplimiento de una serie de **requisitos personales**. Dicho esto, el artículo 234-2 del Código Civil Catalán señala aquellas personas que no cumplen dichos requisitos y por lo tanto no pueden constituirse como pareja estable:

- Los menores de edad no emancipados.
- Las personas relacionadas por parentesco en línea recta, o en línea colateral dentro del segundo grado.

- Las personas casadas y no separadas de hecho.

- Las personas que convivan en pareja con una tercera persona.

En cuanto al **régimen durante la convivencia de la pareja estable**, las relaciones de la pareja se regulan exclusivamente por los pactos de los convivientes, mientras dura la convivencia. Por otro lado, en materia de disposición de la vivienda familiar se atenderá a lo estipulado por el artículo 231-9 del Código Civil Catalán. Por último, los convivientes, como unión de hecho pueden adquirir bienes con pacto de supervivencia, en este supuesto se aplicarán los artículos 231-15 a 231-18 del Código Civil Catalán.

Todo lo señalado en el párrafo anterior se encuentra recogido en el artículo 234-3 del Código Civil Catalán.

Pero ¿**cuáles serán las causas de extinción de la pareja estable?** Estas se enumeran en el artículo 234-4 del Código Civil Catalán, siendo las siguientes:

- Cese de la convivencia con ruptura de la comunidad de vida.

- Muerte o declaración de fallecimiento de uno de los convivientes.

- Matrimonio de cualquiera de los convivientes.

- Común acuerdo de los convivientes formalizado en escritura pública.

- Voluntad de uno de los convivientes notificada fehacientemente al otro.

La extinción de la pareja estable **implica la revocación de los consentimientos y poderes que cualquiera de los convivientes haya otorgado a favor del otro.**

El artículo 234-5 del Código Civil Catalán dispone que, en previsión del cese de la convivencia, los convivientes pueden pactar en escritura pública los efectos de la extinción de la pareja estable. A estos pactos se les aplica el artículo 231-20 del Código Civil Catalán.

Para el caso en que los **acuerdos sean alcanzados después del cese de la convivencia,** el artículo 234-6 del Código Civil Catalán prevé que los convivientes de común acuerdo o uno de los convivientes con el consentimiento del otro puedan someter a la aprobación de la autoridad judicial una propuesta de convenio que incluya todos los efectos que la extinción deba producir respecto a los hijos comunes y entre los convivientes.

En el caso de que **no existiese acuerdo entre los convivientes**, habrá que acudir a lo establecido en el artículo. 233-4 del Código Civil Catalán.

En lo que respecta al ejercicio de la guarda de los hijos y relaciones personales los artículos 233-8 a 233-13 del Código Civil Catalán serán de aplicación a la pareja estable (artículo del 234-7 del Código Civil Catalán).

La atribución o distribución del **uso de la vivienda familiar** se regula en el artículo 234-8 del Código Civil Catalán. Los convivientes en pareja estable pueden acordar la atribución a uno de ellos del uso de la vivienda familiar, con su ajuar, para satisfacer en la parte que sea pertinente los alimentos de los hijos comunes que convivan con el beneficiario del uso o la eventual prestación alimentaria de este.

Si no existe acuerdo o si este no es aprobado, en el caso de que los convivientes tengan hijos comunes, la autoridad judicial puede atribuir el uso de la vivienda familiar, teniendo en cuenta las circunstancias del caso y aplicando las siguientes reglas:

- Preferentemente, al miembro de la pareja a quien corresponda la guarda de los hijos mientras dure esta.

- Si la guarda de los hijos es compartida o distribuida entre ambos miembros de la pareja, al que tenga más necesidad.

La atribución o distribución del uso de la vivienda, si esta pertenece en todo o en parte al miembro de la pareja que no es beneficiario, debe ser tenida en cuenta para la fijación de los alimentos a los hijos y la prestación alimentaria que eventualmente devengue el otro miembro de la pareja.

> **A TENER EN CUENTA**. Se aplica a la atribución o distribución del uso de la vivienda lo establecido en los apdos. 6 y 7 del artículo 233-20 del Código Civil Catalán y los artículos 233-21 a 233-25 del Código Civil Catalán.

El artículo 234-9 del Código Civil Catalán contempla la posibilidad de que el conviviente que haya trabajado para la casa sustancialmente más que el otro o haya trabajado para el otro sin retribución o con una retribución insuficiente, reciba una **compensación económica** por razón de trabajo. Para determinar dicha compensación tendremos que atender a lo establecido en los artículos 232-5 a 232-10 del Código Civil Catalán. (**Sentencia del TSJ de Cataluña n.º 82/2015, de 30 de noviembre, ECLI:ES:TSJCAT:2015:11220**).

Lo relativo a la prestación alimentaria se encuentra recogido en el artículo 234-10 del Código Civil Catalán. Dicho artículo estipula que, si la pareja estable se extingue en vida de los convivientes, cualquiera de los convivientes puede reclamar al otro una prestación alimentaria, si la necesita para atender adecuadamente a su sustentación, en uno de los siguientes casos:

- Si la convivencia ha reducido la capacidad del solicitante de obtener ingresos.

- Si tiene la **guarda de hijos comunes**, en circunstancias en que su capacidad de obtener ingresos quede disminuida.

Los pactos de renuncia no se considerarán eficaces en aquello en que comprometan la posibilidad de atender a las necesidades básicas del conviviente que tiene derecho a pedir, salvo que hayan sido incorporados a una propuesta de convenio presentada.

Si uno de los convivientes fallece antes de que hubiera transcurrido un año desde la extinción de la pareja estable, el conviviente supérstite, en los tres meses siguientes al fallecimiento, podrá reclamar a los herederos su prestación alimentaria. La misma regla debe aplicarse si el procedimiento dirigido a reclamar la prestación alimentaria se extingue por el fallecimiento del conviviente que debería pagarla.

Según el artículo del 234-11 del Código Civil Catalán, **el pago de la prestación alimentaria puede atribuirse en forma de capital o en forma de pensión**. En el caso de que los convivientes no se pongan de acuerdo en la forma de pago, será la autoridad judicial la que resuelva.

Como regla general, **la modalidad de pago en forma de pensión tiene carácter temporal, con un máximo de tres anualidades,** salvo que la prestación se fundamente en la disminución de la capacidad del acreedor de obtener ingresos derivada de la guarda de hijos comunes. En este caso, puede atribuirse mientras dure la guarda.

Dicha prestación alimentaria en forma de pensión puede modificarse.

En lo que concierne a la extinción de la prestación alimentaria fijada en forma de pensión, el artículo 234-12 del Código Civil Catalán nos remite a las reglas del artículo 233-19 del Código Civil Catalán.

El ejercicio de los derechos a la compensación económica por razón de trabajo y a la prestación alimentaria prescriben en el plazo de un año a contar de la extinción de la pareja estable y deben reclamarse, si procede, en el mismo procedimiento en que se determinan los demás efectos de la extinción (artículo 234-13 del Código Civil Catalán).

Por último, el artículo 234-14 del Código Civil Catalán hace referencia a los **efectos de la extinción por muerte de uno de los convivientes.** En este caso, el superviviente tiene, **además de la compensación por razón de trabajo que eventualmente le corresponda** de acuerdo con el apdo. 5 del artículo 232-5 del Código Civil Catalán, **los derechos viduales familiares** reconocidos por los artículos artículo 231-30 y 231-31 del Código Civil Catalán, esto es:

- La propiedad de la ropa, del mobiliario y de los utensilios que forman el ajuar de la vivienda familiar. Dichos bienes no se computan en su haber hereditario (excepto las joyas, los objetos artísticos o históricos, ni los demás bienes del premuerto que tengan un valor extraordinario).

- Durante el año siguiente a la muerte el superviviente tiene derecho a continuar usando la vivienda familiar y a ser alimentado a cargo de este patrimonio, de acuerdo con el nivel de vida que habían mantenido los miembros de la pareja y con la importancia del patrimonio. Este derecho es independiente de los demás que le correspondan en virtud de la defunción del premuerto.

|| Ciudad Autónoma de Melilla

El registro de parejas de hecho en Melilla se regula a través del Reglamento Regulador del Registro de Parejas de Hecho de la Ciudad Autónoma de Melilla.

El objeto del referido registro tendrá carácter administrativo y tendrán acceso al mismo las uniones no matrimoniales de convivencia estable entre parejas, con independencia de su orientación sexual, cuyos miembros tengan su residencia legal en Melilla y además se encuentren empadronados.

Para la inscripción en el registro de parejas de hecho de Melilla los miembros de la misma deberán acreditar los siguientes **requisitos:**

- Ser mayores de edad o menores emancipados.

- No tener relación de parentesco por consanguinidad o adopción en línea recta o línea colateral en segundo grado.

- No estar incapacitados para contraer matrimonio. Los afectados por deficiencias o anomalías psíquicas deberán aportar certificación médica sobre su capacidad para prestar libre consentimiento.

- No estar sujetos a vínculo matrimonial.

- No figurar inscrito en ningún Registro como miembro de otra unión de hecho no cancelada.

- Tener ambos miembros su residencia legal en Melilla y estar debidamente empadronados.

- Haber mantenido una convivencia, en relación de afectividad, libre, pública, notoria y estable durante al menos un período continuado de un año. La acreditación de la convivencia ininterrumpida requerirá la personación de los interesados ante el encargado del registro acompañados de dos testigos mayores de edad en el pleno ejercicio de sus derechos civiles. Asimismo, se podrá presentar documento notarial que acredite el requisito exigido de convivencia en los términos previstos en el presente apartado o acreditación de tener descendencia en común.

CUESTIONES

1. La inscripción de la pareja de hecho en registro, ¿tendrá efectos constitutivos o declarativos?

De acuerdo con el artículo 4.1 del Reglamento Regulador del Registro de Parejas de Hecho de la Ciudad Autónoma de Melilla serán constitutivas, por lo que acreditará la constitución de la pareja de hecho y la extinción en su caso.

2. ¿Cuál será el precio a abonar por la inscripción de la pareja de hecho en el registro?

De acuerdo con el artículo 9 del Reglamento Regulador del Registro de Parejas de Hecho de la Ciudad Autónoma de Melilla las inscripciones que se practiquen serán gratuitas.

3. ¿Cómo se acreditará el requisito de convivencia ininterrumpida?

Los interesados se personarán ante el encargado del registro acompañados de dos testigos mayores de edad en pleno ejercicio de sus derechos civiles. También se podrá presentar documento notarial que acredite el requisito exigido de convivencia o acreditación de tener descendencia en común.

Y ¿cuáles serán las causas de extinción de la inscripción registral de la pareja de hecho?

- De común acuerdo o a petición de uno de los integrantes, que deberá notificarlo al otro a través de cualquier medio admitido en derecho.

- Por fallecimiento de uno de los miembros.

- Por separación de hecho durante más de 6 meses.

- Por matrimonio de uno de los miembros.

- Por pérdida por parte de uno o de ambos miembros de la pareja de hecho de su condición de residente legal

> **A TENER EN CUENTA**. En cualquier caso, ambos miembros están obligados conjunta o separadamente a solicitar la cancelación de la inscripción de la Unión.

|| Comunidad Foral de Navarra

La pareja estable en Navarra se regula en el **título VII, leyes 106 al 113 de la Ley 1/1973 de 1 de marzo, por la que se aprueba la Compilación del Derecho Civil Foral de Navarra**.

Para su **constitución**, dos personas **mayores de edad o menores emancipadas**, en comunidad de vida afectiva análoga a la conyugal, si quieren constituirse en pareja estable con los efectos previstos en la Compilación de Derecho Civil Foral de Navarra podrán hacerlo manifestando su voluntad en documento público.

| ¿Quiénes no podrán constituir pareja estable?

- Las personas casadas o constituidas en pareja estable con otra persona.

- Las personas relacionadas por parentesco consanguíneo o adoptivo en línea recta o en línea colateral dentro del segundo grado.

> **A TENER EN CUENTA**. La pareja estable no genera relación alguna de parentesco entre cada uno de sus miembros y los parientes del otro.

¿La pareja estable podrá establecer pactos? Sí, podrán regular mediante pacto los aspectos personales, familiares y patrimoniales de su relación, así como sus derechos y obligaciones y serán **gastos comunes** de la pareja todos los que sean precisos para subvenir a sus necesidades y a las de sus hijos comunes, así como los derivados de la alimentación y habitación en la vivienda familiar de los hijos no comunes.

En defecto de pacto, los miembros de la pareja estable contribuirán al mantenimiento de la vivienda familiar y gastos comunes en proporción a sus medios económicos, computándose a tal fin el trabajo personal prestado para la familia y la dedicación a los hijos, sean o no comunes, y al resto de personas que con ellos convivan.

Asimismo, ambos miembros de la pareja **responderán solidariamente ante terceros de las obligaciones contraídas por uno de ellos por los gastos** a que se refiere el apartado anterior si se acomodan a los usos sociales y sin perjuicio de los reembolsos que correspondan, en su caso, conforme a sus relaciones internas.

| ¿Cuáles son las causas de extinción de la pareja estable?

- Por la muerte o declaración de fallecimiento de uno de sus miembros

- Por matrimonio de uno de sus miembros y por el matrimonio entre ambos.

- Por mutuo acuerdo de sus miembros.

- Por voluntad de uno de sus miembros notificada fehacientemente al otro.

- Por cese de la convivencia con ruptura efectiva de la comunidad de vida.

Además, **la extinción de la pareja estable, que deberá ser comunicada por cualquiera de sus miembros al registro único** en el que, en su caso, esté inscrita, implicará la revocación de los consentimientos y poderes que cualquiera de los convivientes hubiera otorgado en favor del otro.

En **previsión del cese de la convivencia podrá pactarse en escritura pública los efectos de la extinción** de la pareja estable.

CUESTIONES

1. Uno de los miembros de la pareja estable le ha donado al otro miembro 10.000 €. En caso de extinción de la pareja estable, ¿se podrá revocar la donación?

Sí, de acuerdo con el artículo 110 de la Ley 1/1973 de 1 de marzo, las donaciones otorgadas entre sus miembros podrán ser revocadas, además de por las causas previstas en la ley, cuando se declare judicialmente la existencia de incumplimiento de los deberes familiares por parte del donatario.

2. ¿Cuáles serán los efectos de la extinción de la pareja estable?

En el momento del cese de la convivencia, podrán ser objeto de compensación tanto el trabajo para la familia como el desarrollado por uno de los miembros en las actividades empresariales o profesionales del otro.

3. En caso de muerte de alguno de los miembros de la pareja estable, el miembro sobreviviente, ¿tendrá algún derecho sucesorio?

El sobreviviente solo tendrá los derechos sucesorios que se hubieran otorgado entre sí o por cualquiera de ellos en favor del otro, conjunta o separadamente, por testamento, pacto sucesorio, donación mortis causa y demás actos de disposición reconocidos en la Ley 1/1973 de 1 de marzo.

En cuanto al **registro** el mismo se regula por el **Decreto Foral 27/2021, de 14 de abril, por el que se crea y se regula el Registro Único de Parejas Estables de la Comunidad Foral de Navarra.**

Se crea el Registro Único de Parejas Estables de la Comunidad Foral de Navarra a e**fectos de publicidad y medio de prueba de los actos de las parejas estables** constituidas conforme al Fuero Nuevo de Navarra, el mismo tiene **naturaleza administrativa.**

La inscripción de la pareja estable es **voluntaria y gratuita**, no obstante, la pareja estable deberá inscribirse en el registro a los efectos de publicidad, así como a los efectos que establezcan otras disposiciones legales.

CUESTIONES

1. La inscripción de la pareja de hecho en registro, ¿tendrá efectos constitutivos o declarativos?

De acuerdo con el artículo 8 del Decreto Foral 27/2021, de 14 de abril las inscripciones en el Registro Único de Parejas Estables de la Comunidad Foral de Navarra tienen una eficacia declarativa.

---

2. ¿Se podrá practicar de oficio la inscripción de la extinción de la pareja estable?

Sí, de acuerdo con el artículo 15 del Decreto Foral 27/2021, de 14 de abril, *«La inscripción de la extinción de la pareja estable se practicará de oficio en aquellos casos en los que el Registro Único de Parejas Estables de la Comunidad Foral de Navarra tenga constancia fehaciente de que alguna de las siguientes circunstancias afecta a alguna de las personas de la pareja estable:*

a) Fallecimiento o declaración de fallecimiento.

b) Matrimonio.

c) Constitución de otra pareja estable.

d) Por cualquier causa objetiva que sea relevante a los efectos de la persistencia de la pareja estable».

Si bien, las parejas estables constituidas conforme al Fuero Nuevo de Navarra tendrán, **una vez acreditada su existencia, estén o no inscritas, los derechos y deberes reconocidos a las mismas por el Fuero Nuevo de Navarra**, y en su caso, los derechos y deberes reconocidos por el resto de la normativa que les sea aplicable, siempre que cumplan los requisitos exigidos para ello.

|| Comunidad de Madrid

Las uniones de hecho en Madrid se regulan en la **Ley 11/2001, de 19 de diciembre**, que se aplicará cuando concurran los siguientes **requisitos**:

- Se trate de personas que convivan en pareja vinculadas de forma estable.
- La convivencia sea libre, pública y notoria.
- El tiempo de convivencia sea de al menos 12 meses ininterrumpidos.
- Exista relación de afectividad.
- Hayan decidido voluntariamente someterse a la pareja mediante la inscripción en el registro de uniones de hecho.
- Ambos miembros de la pareja han de estar empadronados en el mismo domicilio y tener su residencia en la Comunidad de Madrid.

A TENER EN CUENTA. Este último requisito es así tras la modificación operada por la Ley 11/2022, de 21 de diciembre, en vigor desde el 23 de diciembre de 2022, en tanto antes de ella solo se exigía a uno de los miembros empadronamiento y residencia en la Comunidad de Madrid.

¿Quién no podrá constituirse en unión de hecho en Madrid? Quedan excluidos de la posible constitución de una unión de hecho:

- Los menores de edad no emancipados y las personas con discapacidad que no les permita prestar su consentimiento válido a la unión.
- Las personas ligadas por el vínculo del matrimonio no separadas judicialmente.
- Las personas que forman una unión estable con otra persona.

- Los parientes en línea recta por consanguinidad o adopción.
- Los parientes colaterales por consanguinidad o adopción dentro del tercer grado.

Asimismo, se excluye la posibilidad de pactar la constitución de una pareja estable no casada con carácter temporal ni someterse a condición.

CUESTIONES

1. ¿Desde cuándo producen efectos las uniones de hecho?

Desde la fecha de la inscripción en el Registro de las Uniones de Hecho de la Comunidad de Madrid, previa acreditación de los requisitos en expediente contradictorio ante el encargado del registro.

2. ¿Cómo se acreditará el requisito de la convivencia?

Antes de la modificación operada por la citada Ley 11/2022, de 21 de diciembre, se exigía la acreditación mediante dos testigos mayores de edad en el pleno ejercicio de sus derechos civiles, si bien a partir de la misma, en vigor desde el 23 de diciembre de 2022 —aplicable a las solicitudes de inscripción presentadas a partir de los 3 meses desde el día siguiente a la entrada en vigor de la ley— se acreditará mediante el certificado de empadronamiento de ambos miembros que forman la unión en el mismo domicilio durante un período ininterrumpido de doce meses, inmediatamente anteriores a la fecha de solicitud de inscripción.

A los efectos de acreditar los 12 meses de empadronamiento conjunto, se reconoce validez a los certificados de los registros de uniones de hechos de cualquier comunidad autónoma o país de la Unión Europea válidamente emitidos y a los certificados de empadronamiento en cualquier municipio español.

3. ¿Y la existencia de la unión de hecho?

La existencia de la unión de hecho se acreditará mediante certificación del encargado del registro.

¿Cuáles son las causas de extinción de las uniones de hecho? ¿Y desde cuándo produce efecto la cancelación de la inscripción?

CAUSAS EXTINCIÓN	EFECTO CANCELACIÓN
De común acuerdo	Desde que declaren haberse extinguido la unión
Decisión unilateral de uno de los miembros notificada al otro por cualquiera de las formas admitidas en derecho	Desde la fecha de la notificación
Muerte o declaración de fallecimiento de uno de los miembros	Desde la fecha en que se produzcan
Separación de hecho de más de seis meses	Desde que declaren que ha transcurrido dicho plazo
Matrimonio de uno de los miembros	Desde la fecha de su celebración
Alguno de los miembros deje de estar empadronado en algún municipio de Madrid	Desde la fecha de baja en el padrón municipal

A TENER EN CUENTA. La última de las causas de extinción ha sido añadida por la Ley 11/2022, de 21 de diciembre, en vigor desde el 23/12/2022, y la cancelación de la inscripción por esta causa se aplicará a las parejas inscritas a partir de la entrada en vigor de dicha modificación.

CUESTIÓN

¿Puede cancelarse la inscripción de la unión de hecho a instancia de uno solo de los miembros?

Sí, y en este caso el encargado del registro comunicará a la otra parte la cancelación.

Los convivientes se equipararán a los que hayan contraído matrimonio en relación con:

- Los beneficios reconocidos respecto del personal al servicio de la Administración de la Comunidad de Madrid.
- Los derechos y obligaciones previstos en las normas de derecho público, especialmente en materia presupuestaria, subvenciones y tributos propios.

Para terminar, cabe hacer referencia al **Registro de Uniones de Hecho de Madrid** y, en relación con él, al **Decreto 134/2002, 18 de julio**.

Las inscripciones practicadas en el referido registro tendrán **efectos declarativos**, pero **¿cuáles son esas inscripciones?** Se distinguen las siguientes:

- Inscripciones básicas: la existencia de la unión de hecho.
- Inscripciones complementarias: pactos reguladores de las relaciones económicas entre los miembros de la unión y sus modificaciones. No obstante, la validez jurídica y los efectos de los pactos se producirán al margen de su inscripción en el registro y nunca perjudicarán a terceros.
- Inscripciones de cancelación: extinción de la unión de hecho por las causas previstas, así como, cuando ninguno de los miembros esté empadronado en municipio de Madrid o concurra causa que impidiese la inscripción por falta de algún requisito. En estos dos últimos casos podrá efectuarse la inscripción de oficio, previa audiencia de los miembros de la unión en plazo de 15 días.

El trámite para llevar a cabo la inscripción, cualquiera que sea, requiere la solicitud de cita a la que se acompañará la documentación en cada caso requerida y el justificante de pago de la tasa correspondiente.

El contenido del registro se acreditará mediante certificaciones expedidas por el encargado del registro expedidas a solicitud de cualquiera de los miembros de la unión, de sus causahabientes y de los jueces y tribunales de justicia.

|| Comunitat Valenciana

En cuanto a las uniones de hecho en la Comunitat Valenciana cabe a traer a colación la **Ley 5/2012, de 15 de octubre**, de Uniones de Hecho Formalizadas de la Comunitat Valenciana, y el **Decreto 34/2022, de 1 de abril**, del

Consell, por el que se regulan la organización y el funcionamiento del Registro de Uniones de Hecho Formalizadas, así como los procedimientos de inscripción, modificación y cancelación de uniones en el mismo.

Antes de profundizar en el estudio de estas normas, es necesario recordar que muchos de los preceptos de la citada Ley 5/2012, de 15 de octubre, han sido declarados inconstitucionales y nulos por la **sentencia del Tribunal Constitucional n.° 110/2016, de 9 de junio, ECLI:ES:TC:2016:110**, con *«(...) efectos "pro futuro", sin afectar a las "situaciones jurídicas consolidadas" (...)»*.

Pues bien, dicho esto, cabe señalar que la Ley 5/2012, de 15 de octubre, aplicable a las **uniones de hecho formalizadas** las define como aquellas formadas por **dos personas que, independientemente de su sexo, convivan en relación de afectividad análoga a la conyugal y que cumplan los requisitos de inscripción**. La inscripción de la unión de hecho en el registro tendrá **carácter constitutivo**.

¿Qué se entiende por uniones formalizadas? Son aquellas en que, cumpliendo los requisitos previstos, consta su existencia:

- Por declaración de voluntad de sus integrantes ante el funcionario encargado del Registro de Uniones de Hecho Formalizadas de la Comunitat Valenciana plasmada en la inscripción.

- O, en otro documento público inscrito en el citado registro.

| **No podrán formar uniones de hecho:**

- Las personas menores de edad no emancipadas.

- Quienes estén casados o casadas con otra persona, sin estar separados o separadas legalmente de la misma mediante sentencia judicial, y quienes mantengan una unión de hecho formalizada con otra persona.

- Quienes sean parientes en línea recta, por consanguinidad o adopción, o colateral, en los mismos términos, hasta el segundo grado.

Asimismo, **tampoco** podrá pactarse una unión de hecho con **carácter temporal o condicional**.

¿Cuándo se extinguen las uniones de hecho? Se extinguirán cuando concurran alguna de las causas siguientes:

- Por común acuerdo de sus miembros.

- Por declaración de voluntad de cualquiera de ellos.

- Cuando cualquiera de los convivientes o las convivientes esté incurso en un proceso penal iniciado por atentar contra la vida, la integridad física, la libertad, la integridad moral o la libertad e indemnidad sexual del otro o de la otra o de los hijos o hijas comunes o de cualquiera de ellos o de ellas, y se haya dictado resolución judicial motivada en la que se constaten indicios fundados y racionales de criminalidad.

- Por muerte o declaración de fallecimiento de cualquiera de sus miembros.

- Por cese efectivo injustificado de la convivencia durante un plazo mínimo de tres meses.
- Por matrimonio de cualquiera de sus miembros.

CUESTIONES

1. ¿Qué sucede en caso de extinción de la unión de hecho formalizada?

En caso de que se extinga la unión de hecho formalizada, cualquiera de sus miembros deberá solicitar, en el plazo de un mes, la cancelación de la inscripción que conste en el registro.

2. ¿Cuáles son los efectos de la unión de hecho formalizada?

Los miembros de las uniones de hecho tendrán la misma consideración que los cónyuges a efectos de:

- Regulación de la función pública por la Generalitat, en lo relativo a licencias, permisos, situaciones administrativas, provisión de puestos de trabajo y ayuda familiar.

- Los derechos y obligaciones de derecho público establecidos por la Generalitat en materias de su competencia, tales como normas presupuestarias, indemnizaciones, subvenciones y tributos autonómicos.

- En cuanto a los derechos a percibir pensiones de viudedad y a las indemnizaciones por accidentes laborales o enfermedades profesionales, se estará a lo dispuesto por la legislación aplicable en cada caso.

A TENER EN CUENTA. La inscripción, la denegación de la misma por incurrir en causa de prohibición y su cancelación se producirán por resolución del órgano competente para la gestión del registro, en el plazo de 3 meses desde la solicitud, siendo los efectos del silencio administrativo negativos, sin perjuicio de la resolución posterior sobre la solicitud y contra la resolución podrá interponerse recurso administrativo.

En lo que se refiere al Registro de Uniones de Hecho Formalizadas de la Comunitat Valenciana se infiere del Decreto 34/2022, de 1 de abril, que:

- Tiene carácter exclusivamente administrativo.
- Su funcionamiento es descentralizado.
- Su contenido se acreditará mediante certificación administrativa que se podrán librar a solicitud de cualquiera de los miembros; de sus causahabientes con la finalidad de hacer valer los derechos previstos en el artículo 15 de la Ley 5/2012, de 15 de octubre; de las AAPP, cuando se necesite para el reconocimiento de derechos a los miembros; o de los jueces y tribunales.
- La inscripción en él constituye requisito necesario para el reconocimiento de los derechos y obligaciones previstos en las leyes.
- Se distinguen tres tipos de inscripciones: alta, modificación y cancelación.

La inscripción de alta conlleva la constitución de una unión de hecho formalizada, pero **¿cuáles son los requisitos que han de acreditarse para la inscripción de alta?**

- Ser mayores de edad o menores emancipados.

- Convivir en una relación de afectividad análoga a la conyugal en el territorio de la Comunitat Valenciana. No se entenderá que se incumple este requisito cuando por circunstancias laborales, familiares o legales se deje de convivir de forma temporal y así se acredite.

- Manifestar la voluntad de formalizar su relación de convivencia afectiva a través de su inscripción en el registro.

- No tener relación de parentesco en línea recta por consanguinidad o adopción ni colateral por consanguinidad o adopción hasta el segundo grado.

- No estar ligados por matrimonio o estar separados legalmente, mediante sentencia judicial firme o por escritura pública otorgada ante notario.

- No tener constituida una pareja o unión de hecho, inscrita en cualquier registro de análogas características.

- No estar incapacitados judicialmente para regir su persona.

La **inscripción de modificación** tiene por objeto alguno de los datos relativos a la de alta que no sean la disolución de la pareja de hecho, en tanto lo relativo a la extinción se lleva a cabo a través de la **inscripción de cancelación**. Esta última declara la extinción por algunas de las causas ya mencionadas y cuando la pareja deje de tener su domicilio habitual, con carácter definitivo, en el territorio de la Comunidad Valenciana.

Los miembros de la unión de hecho están obligados, aunque sea separadamente, a **solicitar la cancelación en el registro en el plazo de un mes desde que concurra cualquiera de las causas** que dan lugar a la extinción de la unión. Será **posible la cancelación de oficio**, previa audiencia de ambos integrantes por un plazo de 15 días, cuando conste la concurrencia de una causa de extinción o se compruebe la inexactitud o falsedad de los datos aportados con la solicitud.

|| Extremadura

En materia de parejas de hecho en Extremadura destaca la **Ley 5/2003, de 20 de marzo**, y el **Decreto 35/1997, de 18 de marzo**, de creación del Registro de uniones de hecho. La Ley 5/2003, de 20 de marzo, se aplicará a las parejas de hecho en las que al menos uno de los miembros se halle empadronado y tenga su residencia en Extremadura.

¿Qué se entiende por pareja de hecho? La citada ley define la pareja de hecho como *«(...) la unión estable, libre, pública y notoria, en una relación de afectividad análoga a la conyugal, con independencia de su sexo, de dos personas mayores de edad o menores emancipadas, siempre que voluntariamente decidan someterse a la misma mediante la inscripción de la pareja en el Registro de Parejas de Hecho de la Comunidad Autónoma de Extremadura».*

CUESTIONES

1. ¿Qué se entiende por unión estable?

La unión es estable cuando los miembros de la pareja han convivido, como mínimo, un período ininterrumpido de un año, salvo que:

- Tengan descendencia en común, en cuyo caso bastará la mera convivencia.

- Hayan expresado su voluntad de constituir una pareja estable en documento público.

2. ¿Qué sucede si uno de los integrantes o ambos están ligados por vínculo matrimonial a otra persona al iniciar la relación?

En este caso el tiempo de convivencia transcurrido hasta el momento en el que el último de ellos obtenga la disolución o, en su caso, la nulidad, se tendrá en cuenta en el cómputo del período de un año.

¿Qué personas no podrán constituir una pareja de hecho? No podrá constituirse por:

- Los menores de edad no emancipados.

- Las personas ligadas por vínculo matrimonial no separadas judicialmente.

- Las personas que formen una pareja de hecho debidamente inscrita con otra persona.

- Los parientes por consanguinidad o adopción en línea recta.

- Los parientes colaterales por consanguinidad o adopción dentro del tercer grado.

Asimismo, **tampoco podrá constituirse pareja de hecho con carácter temporal ni someterse a condición.**

La pareja de hecho se constituirá a través de la **inscripción en el registro** previa acreditación de los requisitos en expediente contradictorio ante el encargado de aquel, por tanto, la inscripción tendrá **carácter constitutivo.**

CUESTIONES

1. ¿Cómo se acreditará la convivencia?

La previa convivencia libre, pública, notoria e ininterrumpida en relación de afectividad se acreditará mediante cualquier medio de prueba admitido en derecho.

2. ¿Y la existencia de la pareja de hecho?

Se acreditará mediante certificación del encargado del registro de parejas de hecho.

En cuanto a la disolución de la pareja **¿en qué casos se considera disuelta la misma?** En los casos siguientes:

- Por la muerte o declaración de fallecimiento de uno de sus miembros.

- Por matrimonio de uno de sus miembros.

- Por mutuo acuerdo.

- Por voluntad unilateral de uno de los miembros de la pareja, que deberá ser notificada fehacientemente al otro.

- Por cese efectivo de la convivencia por un periodo superior a un año.

Entonces **¿qué efectos produce la disolución de la pareja?** Pues bien, en caso de disolución los miembros de la pareja, aunque sea separadamente, deben dejar sin efecto el documento público otorgado e instar la cancelación en el registro. Asimismo, en tanto no se produzca la disolución, no podrán establecer otra pareja estable con tercera persona y con la disolución se revocarán los poderes que cualquiera de los integrantes hubiera otorgado al otro.

La Ley 5/2003, de 20 de marzo, contempla una serie de normas que regulan la **relación de pareja**, así destacar:

- Los miembros de la pareja podrán establecer válidamente en escritura pública los pactos convenientes para regir sus relaciones económicas durante la convivencia y para liquidarlas tras su cese, pactos que solo surten efectos entre ellos y no perjudican a terceros. Los mismos podrán inscribirse en el registro.

- Se contempla la posible compensación económica de un conviviente al otro al que la extinción de la pareja lo haya colocado en situación de desigualdad patrimonial.

- Se equipara la pareja al matrimonio a efectos de derechos y deberes en el acogimiento siempre que este sea simple o permanente. En caso de disolución se estará a lo que disponga la entidad pública competente en materia de protección de menores o en su caso a la decisión judicial.

- Asimismo, les será aplicable la legislación civil en materia de relaciones paternofiliales en lo relativo a la guarda y custodia de hijos comunes y de régimen de visitas, comunicación y estancia.

Asimismo, se entenderá la **pareja de hecho equiparada al matrimonio** en los casos siguientes:

- En todo lo que afecte al régimen del personal al servicio de la Comunidad de Extremadura, de manera que tendrá los mismos beneficios que los cónyuges.

- En la normativa de servicios y prestaciones sociales de la comunidad.

- A los efectos previstos en la legislación fiscal autonómica para computar rendimientos y aplicar deducciones o exenciones.

En lo que se refiere al **Registro de Uniones de Hecho de la Comunidad Autónoma de Extremadura** destacar, según el Decreto 35/1997, de 18 de marzo, que:

- Tiene carácter administrativo.

- La inscripción en él será voluntaria.

- Podrán ser objeto de inscripción las declaraciones de constitución, modificación y extinción de las uniones de hecho, así como los contratos reguladores de las relaciones personales y patrimoniales entre sus miembros.

- La inscripción tendrá efectos meramente declarativos respecto de los actos registrados, pero no afecta a su validez ni a los efectos jurídicos que le sean propios, que se producen al margen del registro.

‖ Galicia

En lo que se refiere a las parejas de hecho en Galicia, hay que estar a lo previsto en la **disposición adicional tercera de la Ley 2/2006, de 14 de junio, de derecho civil de Galicia, tras la modificación operada por la Ley 10/2007, de 28 de junio**. En ella se equiparan al matrimonio las relaciones maritales mantenidas con intención o vocación de permanencia, con lo que, se extienden a los miembros de la pareja los derechos y las obligaciones reconocidos a los cónyuges.

¿Qué se entiende por parejas de hecho? Las uniones de dos personas mayores de edad, capaces, que convivan con la intención o vocación de permanencia en una relación de afectividad análoga a la conyugal y que la inscriban en el Registro de Parejas de Hecho de Galicia, expresando su voluntad de equiparar sus efectos a los del matrimonio.

⏐ No pueden constituir parejas de hecho:

- Los familiares en línea recta por consanguinidad o adopción.
- Los colaterales por consanguinidad o adopción hasta el tercer grado.
- Los que estén ligados por matrimonio o formen pareja de hecho debidamente formalizada con otra persona.

Asimismo, los miembros de la pareja de hecho podrán **pactar válidamente en escritura pública los pactos que estimen convenientes para regir sus relaciones económicas** durante la convivencia y para liquidarlas tras su extinción, siempre que no sean contrarios a las leyes, limitativos de la igualdad de derechos que corresponden a cada conviviente o gravemente perjudiciales para cada uno de los mismos, pues en estos casos serán nulos los pactos.

Lo relativo al Registro de Parejas de Hecho de Galicia se regula en el **Decreto 248/2007, de 20 de diciembre**. Se trata de un registro único con funcionamiento descentralizado en el que la **inscripción como pareja de hecho será voluntaria y tendrá carácter constitutivo**.

> **A TENER EN CUENTA**. El Decreto 248/2007, de 10 de marzo, ha sido modificado por el Decreto 17/2025, de 10 de marzo, con entrada en vigor el 07/04/2025.

¿Qué actos serán inscribibles? Pues, de un lado, las declaraciones de constitución, modificación y extinción de las parejas de hecho y, de otro lado, los pactos que los miembros de la pareja consideren oportunos para regir sus relaciones económicas en los términos vistos.

La solicitud de inscripción habrá de acompañarse de los documentos que acrediten el cumplimiento de los requisitos necesarios, pero **¿cuáles son esos requisitos?**

- Ser mayores de edad.
- No tener relación de parentesco en línea recta por consanguinidad o adopción ni colateral por consanguinidad o adopción hasta el tercer grado.
- Manifestar la voluntad de constitución de la pareja de hecho.
- No estar ligados por matrimonio.
- No formar pareja de hecho debidamente formalizada con otra persona.
- Tener uno de los miembros de la pareja la vecindad civil gallega.
- Acreditar el empadronamiento de los miembros de la pareja en el mismo domicilio de algún municipio de Galicia.

Las inscripciones se **extinguirán por su cancelación** que tendrá lugar en los casos siguientes:

- A petición de las dos personas que conforman la pareja.
- A petición de una de las personas que conforma la pareja.
- Por la muerte o declaración de fallecimiento de una de las personas que conforman la pareja.
- Por el matrimonio entre las personas que conforman la pareja.
- Por el matrimonio de cualquiera de las personas que conforman la pareja; en este supuesto, la persona que contraiga matrimonio deberá instar la cancelación de su inscripción como pareja de hecho, acreditando la comunicación fidedigna a la otra persona que conforma la pareja.

Las **certificaciones del registro se expedirán a instancia de las personas que conforman la pareja, de quien acredite un interés legítimo o de los órganos judiciales**.

|| Illes Balears

En esta comunidad cabe hacer referencia a la Ley 18/2001, de 19 de diciembre, de Parejas Estables y al Decreto 112/2002, de 30 de marzo, por el que se crea el Registro de Parejas Estables de las Illes Balears.

En las Illes Balears **¿qué se entiende por pareja estable?** Es la unión de dos personas que convivan de forma libre, pública y notoria, en una relación de afectividad análoga a la conyugal.

El **ámbito de aplicación** de la Ley 18/2001, de 19 de diciembre, se extiende a aquellas parejas en que sus miembros cumplan los requisitos y formalidades previstas, no incurran en impedimento alguno que les afecte a ellos o a su relación y se inscriban voluntariamente en el Registro de Parejas Estables de las Illes Balears. Asimismo, cumpliéndose los requisitos de capacidad y los personales, la citada ley, siempre que las partes no prevean otra cosa, se aplicará supletoriamente a los casos de formalización de pareja mediante documento público.

En cuanto al carácter de la inscripción la Ley 18/2001, de 19 de diciembre, señala:

«(...) La inscripción en este Registro tiene carácter constitutivo cuando alguno de los miembros está sometido al derecho civil de las Illes Balears, con la sumisión expresa de ambos al régimen que establece, y la ley les será de aplicación íntegramente, y tiene carácter declarativo cuando ninguno de los miembros esté sometido a él, supuesto en el que esta ley solo les será aplicable en cuanto al título I y también en cuanto al artículo 8 del título II en todo lo que afecte a la cancelación de la inscripción de la pareja que deriva de la extinción».

¿Cuáles son los requisitos para constituirse en pareja estable? Se exige en este sentido:

- Ser mayor de edad o menor emancipado.
- Tener ambos solicitantes vecindad administrativa en cualquier municipio de las Illes Balears.
- Acreditar, al tiempo de la solicitud, mediante el empadronamiento, un mínimo de un año de convivencia ininterrumpida de los solicitantes como pareja, en un domicilio común de las Illes Balears.

No obstante, **no podrán constituir pareja estable**:

- Los que estén ligados por vínculos matrimoniales.
- Los parientes en línea recta por consanguinidad o adopción.
- Los colaterales por consanguinidad o adopción hasta el tercer grado.
- Los que formen pareja estable con otra persona, inscrita y formalizada debidamente.

A TENER EN CUENTA. La formación de una pareja estable no genera ninguna relación de parentesco entre cada uno de sus miembros y los parientes del otro.

Asimismo, la Ley 18/2001, de 19 de diciembre, contempla una serie de **normas aplicables a la relación de pareja,** en este sentido, los miembros de la misma podrán regular válidamente en forma admitida en derecho, oral o escrita, las relaciones personales y patrimoniales derivadas de la convivencia y los derechos y deberes respectivos, así como, en su caso, las compensaciones económicas para el supuesto de extinción. No obstante, no podrán pactar la constitución de pareja estable con carácter temporal ni sometida a condición y serán nulos los pactos contrarios a derecho o limitativos de la igualdad de derechos.

Como **normas específicas** contempla las siguientes:

- A falta de pacto, los convivientes contribuirán al sustento de las cargas familiares en proporción a sus recursos económicos.
- Cada uno de ellos responde con sus bienes del cumplimiento de las obligaciones que haya contraído, si bien de las que traigan causa en el levantamiento de las cargas familiares, será subsidiariamente res-

ponsable el otro miembro, si son adecuadas al uso social y al nivel económico de la pareja.

- Cada uno de los integrantes conservará el dominio, el disfrute y la administración de sus bienes, así como de los que adquiera durante la convivencia.

- Los miembros de la pareja estable tienen la obligación de prestarse alimentos, y se les debe de reclamar con prioridad sobre cualquier otra obligada legalmente.

- Se **equiparan a los cónyuges** en la aplicación de las disposiciones relativas a la tutela, curatela, incapacitación, declaración de ausencia y declaración de prodigalidad. Asimismo, se les reconoce al conviviente que sobreviva los mismos derechos que al cónyuge viudo tanto en la sucesión testada como en la intestada.

¿Cuáles son las causas de extinción de las parejas estables? Las parejas estables se extinguen por:

- Mutuo acuerdo.

- La voluntad de uno de los miembros, notificada de manera fehaciente al otro. Esta notificación no es necesaria si la parte solicitante es víctima de violencia de género y el agresor es la pareja registrada.

- Cese afectivo de la convivencia durante un período superior a un año.

- Matrimonio de uno de sus miembros.

- Muerte o declaración de muerte de uno de los integrantes.

Ambos miembros de la pareja, aunque sea separadamente, deben dejar sin efecto la declaración formal que hayan otorgado. Además, extinguida la pareja quedan revocados los poderes que cualquiera de ellos haya hecho en favor del otro.

CUESTIONES

1. ¿Es posible que uno de los miembros de la pareja exija al otro una pensión periódica?

Sí, en las Illes Balears se prevé en caso de cese de la convivencia que uno reclame al otro el pago de pensión periódica, siempre que la necesite para su sustento y se encuentre en uno de los casos siguientes:

- La convivencia haya disminuido su capacidad para obtener ingresos.

- El cuidado de los hijos comunes a su cargo impida o dificulte seriamente la realización de actividades laborales.

El derecho a la pensión se extingue, en el primer caso, en el plazo de 3 años desde el pago de la primera pensión, por las causas de extinción del derecho de alimentos y en caso de matrimonio, pareja estable o convivencia en relación análoga a la conyugal del receptor con otra persona.

En el segundo caso, se extingue cuando la atención a los hijos cese por cualquier motivo o estos lleguen a la mayoría de edad o se emancipen, salvo los casos de incapacitación.

2. ¿Y cabe la reclamación de una compensación económica por el conviviente perjudicado?

Sí, también es posible esta reclamación siempre que la convivencia haya implicado una situación de desigualdad patrimonial entre ambos miembros de la pareja que implique un enriquecimiento injusto y se haya dado uno de los siguientes supuestos:

– Que el conviviente haya contribuido económicamente o con su trabajo a la adquisición, conservación o mejora de cualquiera de los bienes comunes o privativos del otro miembro de la pareja.

– Que el conviviente se haya dedicado con exclusividad o de forma principal a la realización de trabajo para la familia.

El pago de la compensación se debe hacer efectivo en un plazo máximo de 3 años, con el interés legal reconocido y en metálico salvo que por acuerdo o decisión judicial justificada se fije el pago en bienes.

3. ¿En qué plazo se puede reclamar la pensión y la compensación anteriores?

En el plazo de un año desde la extinción de la pareja. Ambas serán compatibles, si bien deberán reclamarse conjuntamente para que puedan valorarse adecuadamente.

4. ¿Qué sucede con los hijos en caso de ruptura de la convivencia?

Los miembros de la pareja podrán acordar lo que estimen oportuno sobre guarda, custodia, visitas, comunicación y estancias de los hijos, si bien tales acuerdos podrán moderarse por el juez si resultan lesivos para los hijos o uno de los integrantes de la pareja. A falta de pacto, se decidirá judicialmente lo procedente respecto de los hijos, en su beneficio y previa audiencia de ellos si tienen suficiente juicio y, en todo caso, si son mayores de 12 años.

5. ¿Cuáles son los efectos de la extinción por muerte o declaración de muerte?

El superviviente tendrá derecho a:

– La propiedad de la ropa, el mobiliario y los enseres que constituyen el ajuar de la vivienda común, sin que se computen en el haber hereditario. Se entienden excluidos los objetos artísticos o históricos, los bienes de procedencia familiar y los de valor extraordinario atendiendo al nivel de vida de la pareja.

– En caso de que el causante fuera arrendatario de la vivienda, a subrogarse conforme a la legislación sobre arrendamientos urbanos.

¿Quién tiene acceso a la inscripción en el Registro de Parejas Estables de las Illes Balears? Atendiendo al artículo 4 del Decreto 112/2002, de 30 de marzo, *«(...) las uniones de dos personas que convivan o quieran convivir de manera libre, pública y notoria, en una relación de afectividad análoga a la conyugal, siempre que declaren formalmente su voluntad de constituirse como pareja estable, con carácter permanente y sin estar sometidos a condición, que como mínimo uno de sus miembros tenga vecindad civil en las Illes Balears y que haya sometimiento expreso de ambos al régimen que establece».*

Y entonces ¿cuáles son los requisitos para la inscripción? Según el artículo 7 del Decreto 112/2002, de 30 de marzo, son:

• Ser mayor de edad o menor emancipado.

• No tener entre los miembros de la pareja una relación de parentesco en línea recta por consanguinidad o adopción, ni colateral por consanguinidad o adopción hasta el tercer grado.

- No estar ligados por vínculo matrimonial
- No formar pareja estable con otra persona inscrita y formalizada debidamente.
- Que, como mínimo, uno de los miembros tenga vecindad civil en las Illes Balears.
- Sometimiento expreso de ambos miembros al régimen que establece la vecindad civil de las Illes Balears.
- Declaración de voluntad de ambos miembros de constituirse en pareja en una relación de afectividad análoga a la conyugal, sin condiciones y con carácter de permanencia.

|| La Rioja

En cuanto a La Rioja cabe hacer referencia al **Decreto 30/2010, de 14 de mayo, por el que se crea el Registro de Parejas de Hecho de La Rioja**, al cual tendrán acceso las uniones que formen una pareja estable no casada entre dos personas, con independencia de su sexo, que convivan de forma libre, pública y notoria, cuyos componentes hayan convivido como mínimo un periodo ininterrumpido de dos años, existiendo una relación de afectividad análoga a la conyugal, y teniendo ambos la residencia legal y vecindad administrativa en la Comunidad Autónoma de La Rioja.

Serán **inscribibles**:

- Las declaraciones de constitución, modificación y extinción de las parejas de hecho.
- Los pactos reguladores de las relaciones personales y económico-patrimoniales entre los miembros de la pareja que respetarán los derechos fundamentales y libertades públicas de cualquiera de sus integrantes.

No podrá, sin embargo, inscribirse la constitución de parejas de hecho sometidas a condición, de carácter temporal o de cualquier otra.

Asimismo, solo cabe inscribir a instancia de uno solo de sus miembros la extinción de la pareja.

Las inscripciones tendrán carácter voluntario, si bien sus efectos serán declarativos en relación con la constitución, modificación y extinción de las mismas, así como respecto a los pactos reguladores de las relaciones personales y económico-patrimoniales. Y **¿cuál es el carácter de los efectos de la inscripción en el citado registro?** Pues, los efectos serán de carácter exclusivamente administrativo.

Como **requisitos a acreditar para la inscripción** cabe señalar los siguientes:

- Ser mayor de edad o gozar de la condición de menor emancipado.
- No tener una relación de parentesco en línea recta por consanguinidad o adopción, ni colateral por consanguinidad o adopción hasta el tercer grado.

- Tener una convivencia previa que implique una relación de afectividad entre los solicitantes análoga a la conyugal durante al menos dos años ininterrumpidos inmediatamente anterior a la presentación de la solicitud en el mismo domicilio de cualquier municipio de La Rioja.

- Bastará con la mera convivencia cuando la pareja tuviera descendencia común. En este caso se acreditará mediante la presentación del libro de familia y un certificado de empadronamiento que acredite la residencia de los solicitantes en el mismo domicilio de algún municipio de La Rioja.

- No estar ligados por vínculo matrimonial.

- No formar pareja de hecho con otra persona.

- No estar incapacitado judicialmente.

- Ser español o tener la residencia legal en España

Las certificaciones se expedirán a instancia de cualquiera de los miembros de la pareja, de quienes acrediten un interés legítimo, así como de los órganos judiciales.

|| País Vasco

La **Ley 2/2003, de 7 de mayo, reguladora de las parejas de hecho en el País Vasco**, define la **pareja de hecho** como aquella que resulta de la unión libre de dos personas mayores de edad o menores emancipadas, con plena capacidad, que no sean parientes por consanguinidad o adopción en línea recta o por consanguinidad en segundo grado colateral y que se encuentren ligadas por una relación afectivo-sexual, sean del mismo o de distinto género. Asimismo, ambos miembros de la pareja deberán cumplir el requisito de no estar unidos a otra persona por vínculo matrimonial o pareja de hecho. Podrán inscribirse aquellas parejas de hecho en las que al menos uno de sus integrantes tenga **vecindad civil vasca**.

La **inscripción** en el Registro de Parejas de Hecho de la Comunidad Autónoma del País Vasco tiene **carácter constitutivo**.

En lo que se refiere a la **relación de pareja** se infiere que:

- Los miembros de la pareja de hecho podrán regular las relaciones personales y patrimoniales derivadas de su unión mediante documento público o privado, con indicación de sus respectivos derechos y deberes, así como de las compensaciones económicas para el caso de la disolución de la pareja.

- No podrá pactarse la constitución de una pareja de hecho con carácter temporal ni someterse a condición. Las Administraciones públicas no inscribirán en el registro los pactos que atentaran contra los derechos fundamentales y las libertades públicas de cualquiera de sus miembros.

- A falta de pacto expreso el régimen económico-patrimonial de las parejas de hecho reguladas será el de separación de bienes establecido en el Código Civil.

Si bien, **a falta de pacto expreso, los miembros de la pareja podrán adherirse a las cláusulas que se establezcan con carácter general** las cuales preverán:

- La contribución al mantenimiento de la vivienda y de los gastos comunes, mediante aportación económica o trabajo personal. Ninguno de los miembros podrá enajenar, gravar o, en general, disponer de su derecho sobre los bienes comunes de cualquier forma que comprometa su uso sin el consentimiento del otro.

- Los efectos del cese y como tales:

  » Pensión periódica para el miembro que la necesite para atender adecuadamente a su sustento en caso de que la unión suponga disminución de su capacidad para obtener ingresos o el cuidado de hijos le impida realizar actividades laborales o las dificulte.

  » Compensación económica a favor del miembro de la pareja que, sin retribución o con retribución insuficiente, haya trabajado para el hogar común o para el otro miembro, en el caso de que se haya generado por este motivo una situación de desigualdad entre el patrimonio de ambos que implique un enriquecimiento injusto.

  » El derecho del superviviente, en el caso de extinción de la pareja por muerte o declaración de fallecimiento de uno de sus componentes, cuando existiese convivencia y siempre que no perjudique a la legítima de los herederos forzosos, a la propiedad del ajuar doméstico y al uso de la vivienda común durante el año siguiente a la defunción, salvo si constituyera nueva pareja de hecho o contrajera matrimonio.

Asimismo, se **reconoce**:

- La posibilidad de la pareja de formalizar el acogimiento de menores de forma conjunta con iguales derechos y deberes que los unidos por matrimonio.

- La posibilidad de las parejas de personas del mismo sexo de adoptar de forma conjunta con iguales derechos y deberes que las parejas de dos personas de distinto sexo y las unidas por matrimonio.

En **materia sucesoria**, el artículo 9 de la Ley 2/2003, de 7 de mayo, remite a la Ley 3/1992, de 1 de julio, de Derecho Civil Foral del País Vasco, la cual ha sido derogada por la Ley 5/2015, de 25 de junio, en ella **se equipara el miembro superviviente de la pareja de hecho al cónyuge viudo.**

También se equipara la pareja de hecho a las unidas en matrimonio por la Ley 2/2003, de 7 de mayo, en relación con el régimen de derecho público administrativo, en este sentido, cabe concretar la equiparación en lo relativo a:

- El régimen fiscal.

- El régimen de la función pública.

- Los derechos en el ámbito de los servicios sanitarios.

- El trato recibido en las residencias para personas mayores.

- Los trámites administrativos *post mortem.*
- El régimen penitenciario.
- El régimen laboral y de la Seguridad Social.

¿Cuándo se extingue la pareja de hecho? Se extingue por las causas siguientes:

- De común acuerdo.
- Por decisión unilateral de uno de los miembros de la pareja, comunicada fehacientemente al otro.
- Por muerte o declaración de fallecimiento de uno de los miembros de la pareja.
- Por matrimonio entre los propios miembros de la pareja o de uno de ellos con una tercera persona.

En cuanto al **Registro de Parejas de Hecho de la Comunidad Autónoma del País Vasco** cabe tener en cuenta el artículo 4 de la Ley 2/2003, de 7 de mayo, y, más detalladamente, el Decreto 155/2017, de 16 de mayo.

Este registro presenta las siguientes **notas características**:

- Carácter administrativo y funcionamiento descentralizado.
- Inscripción constitutiva.
- Tiene por objeto la inscripción de las declaraciones de constitución y cancelación de las parejas de hecho, así como de los pactos reguladores del régimen económico-patrimonial que podrán establecer las personas componentes de la pareja, y de cualesquiera otros actos, hechos y títulos que afecten al contenido de la relación de la pareja.
- El registro expedirá certificaciones de la inscripción a instancia de cualquiera de los miembros de la pareja, de quienes acrediten un interés legítimo y de los jueces y tribunales de justicia.

La **solicitud de inscripción** debe hacerse conjuntamente por ambos miembros de la pareja, **¿cuáles son los requisitos necesarios?**

- Ser ambas personas mayores de edad o menores emancipadas.
- Tener ambas personas plena capacidad.
- No ser parientes por consanguinidad o adopción en línea recta o por consanguinidad en segundo grado colateral.
- Estar ambas personas ligadas por una relación afectivo-sexual.
- No estar unida ninguna de las dos personas, a otra persona, por matrimonio o pareja de hecho.
- Tener, al menos una de las personas componentes de la pareja, vecindad civil vasca.

Igualmente, deben presentarse conjuntamente las solicitudes de incorporación o modificación del pacto regulador de las relaciones económico-patrimoniales de la pareja. No obstante, en el caso de solicitud de cancelación podrá presentarse conjuntamente por ambos componentes o individualmente por uno de ellos. En aquellos casos en los que se encuentre plenamente acreditado el fallecimiento de uno o de los dos integrantes de la pareja de hecho o el matrimonio de uno o de ambos, podrá practicarse la cancelación de la inscripción de oficio o a instancia de parte interesada.

|| Principado de Asturias

La **Ley del Principado de Asturias 4/2002, de 23 de mayo, de Parejas Estables** define estas como la unión libre y pública, en una relación de afectividad análoga a la conyugal, con independencia de su sexo, de dos personas mayores de edad o menores emancipadas sin vínculo de parentesco por consanguinidad o adopción en línea recta o colateral hasta el segundo grado, siempre que ninguna de ellas esté unida por un vínculo matrimonial o forme pareja estable con otra persona.

CUESTIONES

1. ¿Cuándo se entiende que la unión es estable?

Cuando los miembros de la pareja hayan convivido maritalmente, como mínimo un período ininterrumpido de un año, salvo que tengan descendencia en común, en cuyo caso bastará la mera convivencia, o salvo que hayan expresado su voluntad de constituir una pareja estable en documento público, o se hayan inscrito en el Registro de Uniones de Hecho del Principado de Asturias.

2. ¿Cómo se acredita la existencia de pareja estable o el año de convivencia?

A estos efectos se admite la acreditación a través de cualquier medio de prueba admitido en derecho.

En cuanto a la **relación de pareja** cabe destacar:

- La posibilidad de los miembros de la pareja estable de regular válidamente las relaciones personales y patrimoniales derivadas de la convivencia, mediante documento público o privado, con indicación de sus derechos y deberes, y pudiendo incluir las compensaciones económicas que resulten convenientes en caso de disolución de la pareja.

- Se aplicará, en caso de disolución, la legislación civil en materia de relaciones paternofiliales respecto de la guarda y custodia de los menores y el régimen de visitas, comunicación y estancia.

- Los miembros de la pareja podrán acoger menores de forma conjunta siempre que la modalidad de acogimiento familiar sea simple o permanente.

- Se equipara la pareja estable al matrimonio en lo relativo a los empleados públicos de la Administración del Principado de Asturias, a prestaciones y servicios para la protección familiar y de apoyo a la unidad convivencial que dependan de aquella y en cuanto a la adjudicación de viviendas propiedad de dicha Administración.

¿En qué casos se entiende disuelta la pareja estable? Pudiendo acreditarse a través de cualquier medio de prueba admitido en derecho se produce en los casos siguientes:

- Por la muerte o declaración de fallecimiento de uno de sus integrantes.
- Por matrimonio de uno de sus miembros.
- Por mutuo acuerdo.
- Por voluntad unilateral de uno de los miembros de la pareja, notificada fehacientemente al otro.
- Por cese efectivo de la convivencia por un período superior a un año.
- En los supuestos acordados por sus miembros en escritura pública.

La disolución de la pareja estable implica la revocación de los poderes que cualquiera de los miembros haya otorgado a favor del otro.

Finalmente, respecto del registro de parejas estables, hay que tener en cuenta el **Decreto 71/1994, de 29 de septiembre**. Se trata de un registro de carácter administrativo en el que se inscribirán las declaraciones de constitución, modificación y extinción de las uniones de hecho, así como los contratos reguladores personales y patrimoniales entre sus miembros y las declaraciones, hechos o circunstancias relevantes que afecten a las mismas.

¿Cuáles son los requisitos necesarios para la inscripción? Para la inscripción, a solicitud conjunta de ambos miembros de la pareja, han de acreditarse los requisitos siguientes:

- Ser mayores de edad o menores emancipados.
- No tener relación de parentesco por consanguinidad o adopción en línea recta o colateral en segundo grado.
- No estas incapacitados.
- No estar sujetos a vínculo matrimonial.
- Tener la condición de residentes en el Principado de Asturias.

Las inscripciones de extinción podrán hacerse a instancia de uno solo de los miembros.

La publicidad del registro se limita a la expedición de certificaciones a instancia de cualquiera de los miembros de la unión o de los jueces o tribunales de justicia.

|| Región de Murcia

En materia de parejas de hecho en la Comunidad Autónoma de Murcia cabe hacer referencia a la **Ley 7/2018, de 3 de julio**. En ella se define la pareja de hecho como la unión estable, libre, pública y notoria en una relación de afectividad análoga a la conyugal, con independencia de su sexo, de dos personas mayores de edad o menores emancipadas, siempre que se cumplan los requisitos previstos.

> **A TENER EN CUENTA**. El artículo 1.2 de la Ley 7/2018, de 3 de julio, ha sido modificada por el Decreto-ley 1/2025, de 5 de junio, de Simplificación Administrativa de la Región De Murcia (en vigor desde el 08/06/2025), de modo que, ahora se exige para la aplicación de la citada norma que ambos miembros de la pareja se hallen empadronados en el mismo domicilio y que tengan su residencia en Murcia.

La aplicación de la citada ley queda condicionada a que los miembros de la pareja **hayan expresado, de modo fehaciente, su voluntad de constituirse como pareja de hecho**. Además, para que sea aplicable se requiere que **ambos miembros de la pareja se hallen empadronados en el mismo domicilio y tengan su residencia en la Comunidad Autónoma de la Región de Murcia**.

| No podrán constituir pareja de hecho:

- Los menores de edad no emancipados.
- Las personas ligadas por vínculo matrimonial no separadas judicialmente.
- Las personas que formen parte de una pareja de hecho debidamente inscrita con otra persona.
- Los parientes por consanguinidad o adopción en línea recta.
- Los parientes colaterales por consanguinidad o adopción dentro del tercer grado.
- Las personas legalmente incapacitadas mediante sentencia judicial firme.

CUESTIONES

1. ¿Qué se entiende por unión de hecho formalizada en Murcia?

Son aquellas en que consta su existencia, bien por declaración de voluntad de sus integrantes ante el encargado del registro, plasmada en la correspondiente inscripción o bien en otro documento público inscrito en el registro, siempre que cumplan los requisitos necesarios para ser considerada pareja de hecho.

2. ¿Cómo se puede acreditar la existencia de la pareja de hecho?

Se podrá acreditar la existencia de una pareja de hecho por:

- Escritura pública otorgada conjuntamente por ambos miembros de la pareja.
- Cualquier medio de prueba admisible en derecho y suficiente a tales efectos.

3. ¿Desde cuándo produce efecto la formalización de la unión?

La formalización de la unión tiene efecto a partir de la fecha de inscripción registral, de la fecha de autorización del documento o de la fecha de constatación de la suficiencia del medio de prueba aportado.

En cuanto al **Registro de Parejas de Hecho de la Región de Murcia** cabe destacar:

- Su carácter administrativo.
- La inscripción tendrá efectos declarativos sobre la constitución, modificación y extinción de las parejas de hecho.

- Las inscripciones en él serán voluntarias, y necesitarán el consentimiento conjunto de los dos miembros de la pareja, salvo la extinción que puede inscribirse a instancia de uno solo de ellos.

- Su publicidad se limita a la expedición de certificaciones a instancia de cualquiera de los miembros de la pareja o a solicitud de los jueces y tribunales de justicia cuando proceda.

Se **equiparan las parejas de hecho al matrimonio** en determinados aspectos, así, en este sentido:

- Podrán acoger de forma conjunta con iguales derechos y deberes que las parejas unidas por matrimonio, siempre que la modalidad del acogimiento sea simple o permanente.

- Se aplicará la legislación vigente en materia de relaciones paternofiliales en caso de disolución de la pareja de hecho en vida de ambos miembros, en lo relativo a la guarda y custodia de los hijos e hijas comunes y el régimen de visitas, comunicación y estancia.

- Asimismo, se produce la equiparación en materia de beneficios respecto a la función pública, régimen de prestaciones sociales y beneficios fiscales.

Para terminar, cabe señalar como **causas de extinción** de las parejas de hecho las siguientes:

- Por mutuo acuerdo.

- Por decisión unilateral de uno de los miembros de la pareja notificada al otro por cualquiera de las formas admitidas en derecho.

- Por muerte de uno de los miembros de la pareja.

- Por separación de hecho de más de seis meses.

- Por contraer matrimonio uno de los miembros de la pareja.

La extinción de la unión de parejas de hecho formalizadas en el registro obliga a cualquiera de los miembros a solicitar en el plazo de un mes la cancelación de la inscripción que conste en el registro y a dar traslado de su escrito al otro miembro de la pareja.

4.
PACTOS REGULADORES DE LAS RELACIONES ECONÓMICAS DE LA PAREJA DE HECHO

¿Podrán las parejas de hecho regular sus relaciones económicas mediante pactos?

A diferencia de lo que sucede en el matrimonio, en el cual los cónyuges podrán elegir el régimen económico que ha de regir entre ellos, aplicándose, en su defecto y según el CC, el de la sociedad de gananciales, en las parejas de hecho, sin embargo, no cabe hablar de régimen económico propiamente dicho. No obstante, podrán los miembros de la pareja establecer los pactos que estimen convenientes para regular sus relaciones económicas. Así pues, en la línea apuntada, la mayor parte de las regulaciones autonómicas hacen referencia a dicha posibilidad. No se entiende en este punto, por lo tanto, que la pareja de hecho se equipare al matrimonio como sí sucede en algún aspecto. En este sentido, se ha pronunciado el TS en su **sentencia n.º 416/2011, de 16 de junio, ECLI:ES:TS:2011:3634**:

> «La **analogía se pretende entre matrimonio y pareja de hecho, lo que ha sido objeto de discusiones en los diversos tribunales** que se han ocupado de la cuestión. La más reciente decisión corresponde a la Corte de Derechos Humanos de Estrasburgo, de 10 febrero 2011, en el asunto Korosidou vs Grecia, resuelto por la Sección primera del citado Tribunal. En esta Sentencia se niega la asimilación pedida con el siguiente argumento: «las consecuencias jurídicas de un matrimonio de una pareja civil —en la cual dos personas deciden expresa y deliberadamente comprometerse— distingue esta relación de otras formas de vida en común. Más allá de la duración o del carácter solidario de la relación, el **elemento determinante es la existencia de un compromiso público, que conlleva un conjunto de Derechos y de obligaciones de orden contractual. De manera que no puede haber analogía entre una pareja casada y un partenariado civil, y por otro lado, una pareja heterosexual u homosexual, donde los miembros han decidido vivir juntos sin devenir esposos o partenarios civiles** (Burden precitado §65) [...]».

(...) esta Sala ha **negado desde hace tiempo que entre el matrimonio y la pareja de hecho exista una relación de analogía.** La STS 611/2005, de 12 septiembre, del pleno de esta Sala, dice claramente que la configuración de la unión de hecho "[...] aparece sintéticamente recogida en la Sentencia de 17 de junio de 2003, cuando dice que las uniones 'more uxorio', cada vez más numerosas, constituyen una realidad social, que, cuando reúnen determinados requisitos —constitución voluntaria, estabilidad, permanencia en el tiempo, con apariencia pública de comunidad de vida similar a la matrimonial— han merecido el **reconocimiento como una modalidad de familia, aunque sin equivalencia con el matrimonio, por lo que no cabe trasponerle el régimen jurídico de éste, salvo en algunos de sus aspectos.** La conciencia de los miembros de la unión de operar fuera del régimen jurídico del matrimonio no es razón suficiente para que se desatiendan las importantes consecuencias que se pueden producir en determinados supuestos, entre ellos el de la extinción". Los argumentos se fundamentan asimismo en la doctrina del TC, que se cita en la Sentencia y se omite aquí para mayor claridad en la redacción.

Uno de los **aspectos que no se admiten en la jurisprudencia de esta Sala es la existencia de un régimen económico matrimonial en las parejas no casadas,** salvo que se haya pactado por los convivientes una Comunidad de bienes u otro sistema. Pero ha quedado probado en la sentencia que ahora se recurre, que no existía tal pacto, ni tan solo por hechos determinantes o facta concludentia. Por ello, la STS 1048/2006, de 19 octubre, dice que "Es, pues, consustancial a esa diferencia entre la unión de hecho y el matrimonio y a la voluntad de eludir las consecuencias derivadas del vínculo matrimonial que se encuentra insita en la convivencia 'more uxorio' el rechazo que desde la jurisprudencia se proclama de la aplicación por 'analogía legis' de las normas propias del matrimonio, entre las que se encuentran las relativas al régimen económico matrimonial; lo que no empece a que puedan éstas, y, en general, las reguladoras de la disolución de Comunidades de bienes o de patrimonios comunes, ser aplicadas, bien por pacto expreso, bien por la vía de la 'analogía iuris' —como un mecanismo de obtención y de aplicación de los principios inspiradores del ordenamiento a partir de un conjunto de preceptos y su aplicación al caso no regulado, cuando por 'facta concludentia' se evidencie la inequívoca voluntad de los convivientes de formar un patrimonio común— Sentencia de 22 de febrero de 2006". (Ver asimismo SS.T.S. de 40/2011, 7 febrero; 299/2008, 8 mayo y 1048/2006, 19 octubre)».

Entonces, **si no existe pacto que regule las relaciones económicas ¿qué sucede?** En este caso se entiende que no se aplicarán los regímenes previstos para el matrimonio pues cabe interpretar que si no se casan es porque no quieren aplicar las normas que rigen el matrimonio. Por lo tanto, cabe entender que están sujetos a un régimen de separación patrimonial.

En el mismo sentido apuntado, resulta igualmente interesante la **sentencia de la Audiencia Provincial de Huesca n.º 140/2022, de 21 de marzo, ECLI:ES:APHU:2022:106,** que señala:

«SEGUNDO.- La unión extramatrimonial presenta junto a facetas puramente personales, una serie de **aspectos de carácter económico-patrimonial,** en cuanto conocido es, a través de constante criterio jurisprudencial, que toda unión paramatrimonial —"more uxorio"—, por el **mero y exclusivo hecho de iniciarse, no comporta el surgimiento automático de un régimen de comunidad de bienes, sino que habrán de ser los convivientes interesados quienes, por pacto expreso o por sus "facta concludentia"** —aportación continuada y duradera de sus ganancias o de su trabajo al acervo o algunos de los bienes adquiridos— **determinarán el concreto régimen de los bienes.** Bien entendido que del simple hecho de que exista convivencia «more uxorio» no puede deducirse sin más aquella voluntad.

(...)

Las denominadas "parejas de hecho" o de convivencia "more uxorio" han representado siempre la **dificultad de las relaciones jurídicas tácitas.** Lo que supone la necesidad de averiguar el contenido de la voluntad de las partes, con una doble dificultad. Por una parte la confusión —al menos parcial— de patrimonios (sobre todo en lo atinente al fungible dinero) y, por otra parte, la coexistencia de elementos personales y de convivencia que no se hallan sujetos a los principios contables básicos. Por ello, la jurisprudencia ha sido extremadamente cauta a la hora de señalar la figura jurídica que, por analogía, pudiera aplicarse a aquella situación. Lo que sí ha dejado claro es que no se trata de una situación equivalente al matrimonio, por lo que no puede aplicarse automáticamente la regulación económica de estos. Habrá que estar, como se dijo antes, a lo que acordaran los convivientes por pacto expreso o por su "facta conludenctia". Y se ha escrito, que no es posible hablar como regla general de la existencia de un principio que obligue a examinar de nuevo todos los desplazamientos patrimoniales efectuados entre dos personas. Sólo en casos en los que la causa de los desplazamientos patrimoniales no sea aceptada por el ordenamiento jurídico es posible efectuar esta revisión. La obligación de reparar un enriquecimiento sólo puede imponerse en circunstancias muy concretas. La revisión de la cesión se producirá solamente cuando el interés del demandante se considera digno de tutela.

Y en estos casos la persona que ha convivido "more uxorio" con otra tiene acción contra ésta última al deshacerse la unión extramatrimonial con fundamento, bien en pactos expresos o tácitos reguladores de régimen económico, bien en la institución del enriquecimiento injusto, bien en normas de la comunidad de bienes de los artículos 392 y siguientes del Código civil, bien en la figura de la prestación de servicios o gestión de negocios, o bien incluso en las reglas de sociedad irregular».

Existiendo pacto regulador de las relaciones entre los convivientes resulta conveniente elevarlo a escritura pública para que surta efectos plenamente. Asimismo, podrá inscribirse aquel en el registro de parejas de hecho que corresponda. El pacto podrá establecer las normas que hayan de regir la pareja durante la convivencia, pero también fijar las pertinentes que corresponda aplicar en caso de ruptura, después de esa convivencia.

5.
NACIMIENTO DE HIJOS E HIJAS DE PAREJAS DE HECHO. FILIACIÓN EXTRAMATRIMONIAL

Determinación de la filiación de los hijos cuando los padres sean una pareja de hecho

Pese a que, en la actualidad, las parejas de hecho están cada vez más asimiladas al matrimonio, con respecto a la filiación de los hijos e hijas nacido/as en el seno de una unión de hecho, esta será una **filiación no matrimonial**. Es decir, cuando **los progenitores no hayan contraído matrimonio ni exista un vínculo matrimonial entre ambos**, la filiación no se podrá determinar por presunciones ni por suposiciones, sino que la determinación de **la filiación no matrimonial debe basarse en el hecho del reconocimiento**, de acuerdo con lo estipulado en el artículo 120 y ss. del Código Civil.

> **CUESTIÓN**
>
> **Los hijos o hijas nacidos/as en el seno de una pareja de hecho o pareja estable, ¿tendrán derecho a percibir la pensión de orfandad en caso de fallecimiento de uno de los progenitores?**
>
> Sí, tal y como señala el artículo 224 del Real Decreto Legislativo 8/2015, de 30 de octubre, por el que se aprueba el texto refundido de la Ley General de la Seguridad Social, «tendrán derecho a la pensión de orfandad, en régimen de igualdad, cada uno de los hijos e hijas del causante o de la causante fallecida, **cualquiera que sea la naturaleza de su filiación**, siempre que, en el momento de la muerte, sean menores de veintiún años o estén incapacitados para el trabajo y que el causante se encontrase en alta o situación asimilada a la de alta, o fuera pensionista».

A este respecto, la **sentencia del Tribunal Supremo n.º 1305/2023, de 23 de octubre, ECLI:ES:TS:2023:4419**:

> «(…) el pleito se centró en la interpretación del artículo 2.3 de la LPFN y para el juez a quo una interpretación integradora del artículo 2.3, acorde a la realidad social y con el mandato que dirige a los poderes públicos el artículo 39.1 de la Constitución de proteger social, económica y jurídicamente a la familia, permite extender la noción de «vínculo conyugal» a las parejas de hecho. Viene a sostener que todo matrimonio implica un

vínculo conyugal, pero no todo vínculo conyugal es matrimonial, luego el artículo 2.3 es aplicable a las uniones de hecho. **La opción familiar de los actores no puede obstaculizar la obtención de los derechos y carece de sentido denegar la ayuda a la madre de los hijos por no estar casada con el padre, existiendo convivencia.** La estimación fue parcial pues se rechazó la pretensión indemnizatoria.

(...)

Lo litigioso se concreta en el alcance del concepto de ascendiente a los efectos de la LPFN y lo que se plantea es si puede incluirse como beneficiario en el título de familia numerosa a los dos progenitores no unidos mediante vínculo matrimonial. Conviene recordar que los beneficios que comporta el título de familia numerosa se aplican a todos los miembros incluidos en él, luego tanto a los hijos como, en este caso, a los progenitores y la razón es que esos beneficios compensan las mayores cargas de ser familia numerosa que recaen en la unidad familiar, luego en todos sus integrantes.

3. Hechas estas precisiones, está fuera de duda que el régimen de la LPFN entronca con el artículo 39.1 de la Constitución que manda a los poderes públicos asegurar la protección social, económica y jurídica de las familias, y así lo prevé el artículo 1.2 de la LPFN según el cual "[l]os beneficios establecidos al amparo de esta ley tienen como finalidad primordial contribuir a promover las condiciones para que la igualdad de los miembros de las familias numerosas sea real y efectiva en el acceso y disfrute de los bienes económicos, sociales y culturales".

4. Es, por tanto, la familia, la base y el objeto de la regulación de la LPFN sin que el vínculo conyugal o matrimonial tenga efectos constitutivos de la condición de familia numerosa, de ahí que pueda serlo una familia monoparental e, incluso, la formada por hermanos huérfanos. El vínculo conyugal se justifica como garantía formal de que hay una convivencia familiar estable e indefinida en el tiempo: ofrece seguridad, certeza, de cara al acceso al conjunto de beneficios derivados de la condición de familia numerosa.

5. Al ser esa familia la base del sistema de familias numerosas y la función del vínculo conyugal la expuesta, no cabe excluir a la unión de hecho de los progenitores; ahora bien, ese hecho, para que produzca efectos jurídicos debe tener publicidad formal, de ahí que deba inscribirse en un registro de uniones de hecho. Con esa inscripción hay garantía formal de la realidad de una convivencia more uxorio tratándose de convivientes que no desean contraer matrimonio. Acredita, por tanto, también una convivencia estable, temporalmente indefinida, como exigencia para que surta efectos jurídicos frente a terceros, en este caso frente a quienes puedan reclamar la satisfacción de los beneficios que prevé la LPFN».

¿Cómo se determinará la filiación no matrimonial? Para dar respuesta a la anterior cuestión debemos atender a lo dispuesto en el **artículo 120 del Código Civil**, que tiene el tenor literal siguiente:

«La filiación no matrimonial quedará determinada legalmente:

1.º **En el momento de la inscripción del nacimiento,** por la declaración conforme realizada por el padre o progenitor no gestante en el correspondiente formulario oficial a que se refiere la legislación del Registro Civil.

2.º **Por el reconocimiento ante el Encargado del Registro Civil**, en testamento o en otro documento público.

3.º **Por resolución recaída en expediente tramitado con arreglo a la legislación del Registro Civil.**

4.º Por **sentencia firme**.

5.º **Respecto de la madre o progenitor gestante, cuando se haga constar su filiación en la inscripción de nacimiento practicada dentro de plazo**, de acuerdo con lo dispuesto en la Ley del Registro Civil».

> **A TENER EN CUENTA**. El art. 120 del Código Civil ha sido modificado por la Ley 4/2023, de 28 de febrero, para la igualdad real y efectiva de las personas trans y para la garantía de los derechos de las personas LGTBI, en vigor desde el 02/03/2023.

Con respecto al **reconocimiento**, este es un acto **voluntario, explícito, concreto e individualizado** y debe otorgarse de **forma expresa**, puesto que no existe un deber jurídico de reconocimiento.

Asimismo, este puede tener lugar de **forma conjunta por parte de los dos progenitores juntos o bien separadamente, y solo por parte de uno de ellos**. En este sentido, el **artículo 122 del Código Civil** dispone que, cuando un progenitor hiciere el reconocimiento separadamente, no podrá manifestar en él la identidad del otro a no ser que esté ya determinada legalmente. El reconocimiento debe ser:

- **Personalísimo**: realizado por los progenitores por sí mismos.

- **Solemne**: ha de ser expresado de una forma determinada, sin la cual no existiría acto de reconocimiento.

- **Puro**: no se admite condición, término o modo.

- **Constitutivo**: crea un estado civil con efectos retroactivos al tiempo del nacimiento.

- **Unilateral**: debe hacerse por cada uno de los progenitores personalmente. Aunque se realice un reconocimiento conjunto, cada progenitor efectuará su propio reconocimiento.

- **Irrevocable**: se reconoce un estado civil que no puede ser revocado.

> **CUESTIÓN**
>
> **En el caso de una pareja estable o pareja de hecho en la que solo uno de los miembros tenga un hijo o hija, ¿el otro miembro de la pareja podrá adoptar a ese hijo o hija?**
>
> Sí, siguiendo el procedimiento de adopción regulado en la LJV (arts. 33 a 42) y atendiendo a lo dispuesto en el CC (arts. 175 a 180), y siempre primando, en caso de que el adoptando sea menor de edad, el interés superior de este. Además, habrá que notificárselo al progenitor o progenitora que podrá oponerse a dicho trámite.

6.
LA RUPTURA DE LA PAREJA DE HECHO

¿Cómo se produce la ruptura de la pareja de hecho?

La falta de regulación estatal de las parejas de hecho hace que sea la **legislación autonómica** la que se ocupe de determinar todas las vicisitudes de la materia y, como no podía ser de otro modo en tal contexto, así sucede también con la ruptura o cese de la misma. Hay que añadir que las distintas normativas autonómicas lo vienen regulando de forma semejante aunque con algunas particularidades.

Pues bien, la pareja de hecho podrá cesar **por voluntad de ambos integrantes o de uno solo de ellos**, aunque la decisión unilateral de uno de ellos en tal sentido requiere la comunicación fehaciente al otro. Será necesario inscribir la extinción en el registro correspondiente y en caso de que se haya constituido en escritura pública, ambos miembros de la pareja habrán de concurrir a dejarla sin efecto. En caso de que no se proceda de este modo y no haya constancia de la extinción se entiende que ninguno de los miembros de la pareja podrá formalizar otra unión con una tercera persona.

Para la extinción de la pareja de hecho **no se exige el transcurso de un período mínimo de duración de la misma**, como así se alude en el matrimonio —tres meses desde su celebración—, esto supone que la misma podrá disolverse, incluso unilateralmente, en cualquier momento. Una vez disuelta la pareja, sus componentes podrán unirse a otras personas respectivamente, si bien, a los efectos de constitución de la nueva unión, deberá tenerse en cuenta el transcurso de los períodos de convivencia previa exigidos en las distintas leyes autonómicas.

Así pues, se entiende indirectamente, en aquellas comunidades autónomas que exigen convivencia previa, que ha de mediar este tiempo entre una y otra pareja, aun sin exigir tiempo de duración a la misma. En parecido sentido se pronuncia el **Código de Derecho Foral de Aragón, artículo 309.4** que, como particularidad, exige que hayan transcurrido seis meses desde que se deje sin efecto la escritura pública de constitución de la pareja para que pueda otorgarse escritura pública de constitución de una nueva, y así establece:

«En caso de ruptura de la convivencia, las partes no pueden volver a formalizar una pareja estable no casada mediante escritura pública hasta que hayan transcurrido seis meses desde que dejaron sin efecto el documento público correspondiente a la convivencia anterior».

Para el supuesto de que no exista conformidad de los miembros de pareja a efectos de su disolución, no existe en las parejas de hecho un procedimiento judicial análogo al del matrimonio —procedimientos matrimoniales para la separación o divorcio— tendentes a determinar el cese y sus consecuencias, debiendo en este caso acudir a:

- Al procedimiento pertinente para adoptar medidas paternofiliales en relación con los hijos.
- Al procedimiento de división de la cosa común cuando fuese necesario liquidar el patrimonio común de los integrantes de la pareja.

| ¿Cuáles son las causas de extinción de la pareja de hecho?

Sin perjuicio de las particularidades de las distintas comunidades autónomas, se pueden aunar las **causas de extinción de las parejas de hecho, con carácter general**, en las siguientes:

- **Mutuo acuerdo** de los miembros de la pareja.
- **Decisión unilateral de uno de ellos** con notificación fehaciente al otro, en su caso.
- **Matrimonio**, en este caso unas comunidades aluden al matrimonio de uno de los miembros con una tercera persona y otras hacen referencia al vínculo matrimonial entre ellos.
- **Muerte o declaración de fallecimiento** de cualquiera de ellos.

Además de las anteriores, cabe destacar **otras causas** de extinción según el territorio de que se trate, así se encuentran:

- El cese de la convivencia por un determinado período de tiempo: más de un año en Andalucía, Cantabria, Extremadura, Illes Balears o el Principado de Asturias; más de seis meses en Murcia y tres meses mínimo de cese injustificado en la Comunitat Valenciana.
- El cese de la convivencia con ruptura efectiva de la comunidad de vida sin tiempo en Navarra o Cataluña.
- La separación de hecho por más de un año en Aragón o de 6 meses en Canarias, Melilla o Madrid.
- La pérdida de la condición de residente legal en Melilla.
- Cuando alguno de los miembros deje de estar empadronado en algún municipio de Madrid
- Cuando cualquiera de los convivientes o las convivientes esté incurso en un proceso penal iniciado por atentar contra la vida, la integridad física, la libertad, la integridad moral o la libertad e indemnidad sexual del otro o de la otra o de los hijos o hijas comunes o de cualquiera de ellos o de ellas, y se haya dictado resolución judicial motivada en

la que se constaten indicios fundados y racionales de criminalidad (Comunitat Valenciana).

- En el caso de Galicia, cuando así lo pidan los dos miembros de la pareja o uno de ellos, cuando se produzca la muerte o declaración de fallecimiento de una de las personas que la integran, o cuando contraigan matrimonio entre sí o una de ellas con una tercera persona.

- En los supuestos acordados por sus miembros en escritura pública en el Principado de Asturias.

| Efectos de la ruptura de la pareja de hecho

Para determinar los efectos que la ruptura de una pareja de hecho lleva consigo habrá que estar a los **pactos reguladores** que en este sentido hayan establecido los miembros de la pareja, los cuales deberán ser respetados siempre que sean conformes a derecho. Pero si no existiesen pactos que regulen la ruptura, habrá de atenderse, si existen, a las normas autonómicas que se refieran a ello.

La jurisprudencia ha entendido también la posible aplicación de las normas de la comunidad de bienes o, en su caso, del contrato de sociedad civil si la pareja hubiera manifestado ser esta su voluntad o así se infiere de sus actuaciones. Así, partiendo de la diferencia entre la unión de hecho y el matrimonio y de la voluntad de eludir las consecuencias de este al constituir aquella, la jurisprudencia ha señalado (**STS n.º 1048/2006, de 19 de octubre, ECLI:ES:TS:2006:6421**):

> «Es, pues, consustancial a esa diferencia entre la unión de hecho y el matrimonio y a la voluntad de eludir las consecuencias derivadas del vínculo matrimonial que se encuentra insita en la convivencia «more uxorio» el rechazo que desde la jurisprudencia se proclama de la aplicación por «analogía legis» de las normas propias del matrimonio, entre las que se encuentran las relativas al régimen económico matrimonial; lo que no empece a que puedan éstas, y, en general, las reguladoras de la disolución de comunidades de bienes o de patrimonios comunes, ser aplicadas, bien por pacto expreso, bien por la vía de la «analogía iuris» —como un mecanismo de obtención y de aplicación de los principios inspiradores del ordenamiento a partir de un conjunto de preceptos y su aplicación al caso no regulado—, cuando por «facta concludentia» se evidencie la inequívoca voluntad de los convivientes de formar un patrimonio común —sentencia de 22 de febrero de 2006—».

Lo anterior también se refleja en otras como la **sentencia de la AP de Cáceres n.º 55/2023, de 2 de febrero, ECLI:ES:APCC:2023:30**, o la **sentencia de la AP de Lugo n.º 34/2023, de 19 de enero, ECLI:ES:APLU:2023:88**.

En relación con los efectos respecto de los hijos de la pareja habrá de estarse a las normas generales de la **legislación civil que regulan las relaciones paternofiliales**, en tanto no existe diferencia alguna entre los hijos nacidos dentro de una relación matrimonial y los nacidos fuera de ella como se analiza en el tema correspondiente.

Por otro lado, respecto de los **poderes** que uno de los miembros de la pareja haya otorgado al otro, la extinción de la misma va a suponer, con carácter general, la revocación de los mismos.

El estado civil no va a cambiar tampoco con la ruptura, toda vez que los constituidos en pareja de hecho mantienen su condición de solteros, entonces esto seguirá siendo así después de la ruptura.

En cuanto a la existencia de bienes comunes, en las parejas de hecho, salvo pacto en contrario, se entiende la existencia de separación patrimonial y, por tanto, en consecuencia con ello, se habrá de proceder a la hora de determinar la participación de cada uno en los bienes comunes, si los hubiere.

6.1. Ruptura de parejas de hecho sin hijos

¿Qué sucede cuando se rompe una pareja de hecho sin hijos?

Hay que partir de la regla general que establece la necesidad de la pareja de atender a lo que en los pactos reguladores hayan establecido tanto para la convivencia como, en su caso, para la ruptura.

No obstante, en lo que se refiere a las relaciones paternofiliales, resulta evidente que nada cabe decidir al respecto, no habiendo hijos no existe pronunciamiento en relación con dichas relaciones en las parejas de hecho. Si bien, aun en el caso de que los hubiese serían de aplicación las normas generales de la legislación civil aplicables a dichas relaciones, ello independientemente de que los hijos sean matrimoniales o no.

Pues bien, con carácter general, en el caso de parejas de hecho sin hijos, los posibles problemas que puedan surgir se van a resolver fuera de los procedimientos de familia al tratarse de una pareja de hecho. Así, a título de ejemplo, se contempla en el **auto de la Audiencia Provincial de Jaén n.º 401/2022, de 20 de octubre, ECLI:ES:APJ:2022:394A**, cuando dice:

> «(...) en relación al uso alterno de la vivienda entre una pareja de hecho sin hijos. Por ende, **no encontrándonos ante una materia propia del derecho de familia ni ante una liquidación de un régimen económico matrimonial, pues estamos ante una situación de condominio o copropiedad** entre una ex pareja de hecho que no puede ser asimilada al régimen económico matrimonial (...)».

A la hora de dirimir sobre los bienes existentes en la pareja, cabe decir, por tanto (para el caso de que no exista pacto entre ambos), que no existe un régimen análogo al económico matrimonial, de manera que cada uno de los miembros de la pareja será titular de sus bienes propios independientemente de que forme parte o no de una pareja de hecho.

Por otro lado, también cabe hacer referencia en las parejas de hecho a la obligación de dar alimentos (parejas sin hijos/as). En este sentido algunas comunidades autónomas, como son Cataluña o las Illes Balears, imponen a los miembros de la pareja la obligación de prestarse alimentos, y se les debe de reclamar con prioridad sobre cualquier otra obligada legalmente.

6.2. Ruptura de las parejas de hecho con hijos. Medidas paternofiliales

6.2.1. Patria potestad

En primer lugar, cabe advertir lo dispuesto en el **artículo 154 del CC** con respecto a la patria potestad, cuyo tenor literal es el siguiente:

> «Los hijos e hijas no emancipados **están bajo la patria potestad de los progenitores.**
> La patria potestad, como responsabilidad parental, se ejercerá siempre en interés de los hijos e hijas, de acuerdo con su personalidad, y con respeto a sus derechos, su integridad física y mental (...)».

Por lo que, **la patria potestad corresponderá a ambos progenitores con independencia de que el vínculo existente entre ellos sea matrimonial o no**, como sucede en las parejas de hecho.

6.2.2. Guarda y custodia

Guardia y custodia de los hijos e hijas nacidos en el seno de una pareja de hecho

En primer lugar, señalar que la guarda y custodia se ocupa de decisiones de carácter convivencial, es decir, aquellas que afectan al día a día tales como horarios de comidas, las propias comidas, establecimiento de rutinas, ropa con la que se viste el menor, etc.

La figura de la guarda y custodia se encuentra un tanto desdibujada, toda vez que aparece regulada, en relación con las crisis matrimoniales, en el artículo 92 del Código Civil, en el cual se hace referencia también a la «patria potestad», y es que ambas figuras están inexorablemente unidas. Pese a la vinculación estrecha entre ambas, suponen instituciones diferentes y, en su virtud, comprenden facultades diversas. Así, la institución de la patria potestad supone un conjunto de derechos y deberes enumerados por el artículo 154 del CC, como ya hemos señalado, de los progenitores respecto de sus hijos menores no emancipados.

Ante la **ruptura de la unidad convivencial** y atendiendo a las circunstancias concurrentes en el preciso supuesto, siempre velando por el interés superior del menor, nos podemos encontrar ante tres sistemas o modelos de guarda y custodia:

- Guarda y custodia atribuida **a un solo progenitor**.
- Guarda y custodia compartida por **ambos progenitores**.
- Guarda y **custodia encomendada a abuelos, parientes u otras personas que así lo consintieren y, de no haberlos, a una institución idónea**.

Si bien, en materia de guarda y custodia, **rige el principio fundamental del interés del menor,** pues es importante tener claro que lo primordial para establecer una medida de guarda y custodia radica en el hecho de que la misma debe constituirse como la opción más beneficiosa para aquel.

Teniendo en cuenta que, a la hora de determinar la guarda y custodia, debe ser el interés del menor el factor que condicione y determine el sentido en el que deban pronunciarse nuestros tribunales, debiendo preservarse este derecho frente a cualquier otro que pueda entrar en colisión con el mismo, debe traerse a colación en los procedimientos de divorcio y ruptura de la pareja, la **sentencia del Tribunal Supremo n.º 368/2014, de 2 de julio, ECLI:ES:TS:2014:2650:**

> «(...) «se prima el interés del menor y este interés, que ni el artículo 92 del Código Civil ni el artículo 9 de la Ley Orgánica 1/1996, de 15 de enero, de Protección Jurídica del Menor, define ni determina, **exige sin duda un compromiso mayor y una colaboración de sus progenitores tendente a que este tipo de situaciones se resuelvan en un marco de normalidad familiar** que saque de la rutina una relación simplemente protocolaria del padre no custodio con sus hijos que, sin la expresa colaboración del otro, termine por desincentivarla tanto desde la relación del no custodio con sus hijos, como de estos con aquel". Lo que se pretende es aproximar este régimen al modelo de convivencia existente antes de la ruptura matrimonial y garantizar al tiempo a sus padres la posibilidad de seguir ejerciendo los derechos y obligaciones inherentes a la potestad o responsabilidad parental y de participar en igualdad de condiciones en el desarrollo y crecimiento de sus hijos, lo que parece también lo más beneficioso para ellos».

En el mismo sentido, también se pronuncia la **sentencia del Tribunal Supremo n.º 705/2021, de 19 de octubre, ECLI:ES:TS:2021:3863:**

> «El interés superior del menor es la consideración primordial a la que deben atender todas las medidas concernientes a los menores «que tomen las instituciones públicas o privadas de bienestar social, los tribunales, las autoridades administrativas o los órganos legislativos», según el art. 3.1 de la Convención sobre los derechos del niño ratificada por España mediante instrumento de 30 de noviembre de 1990 (SSTC 178/2020, de 14 de diciembre de 2020, FJ 3, y 64/2019, de 9 de mayo, FJ 4, entre las más recientes). Como dice la STC 178/2020, **para valorar qué es lo que resulta más beneficioso para el menor, ha de atenderse especialmente a las circuns-**

tancias concretas del caso, pues no hay dos supuestos iguales, ni puede establecerse un criterio apriorístico sobre cuál sea su mayor beneficio, de modo que el tribunal debe realizar la ponderación de cuál sea el interés superior del menor en cada caso, ofreciendo una motivación reforzada sustentada en su mayor beneficio y con pleno respeto a sus derechos».

Y, por último, dada su claridad, cabe hacer mención a la **sentencia de la Audiencia Provincial de Madrid n.º 665/2021, de 18 de junio, ECLI:ES:APM:2021:7928**:

«Nos encontramos en una materia en la que es **criterio primordial el del «favor filii»** contenido en los arts. 92, 93 y 94 CC, que obliga a atemperar el contenido de la patria potestad en interés de los hijos, por ello los Tribunales deben tratar de indagar cuál es el verdadero interés del menor, aquello que le resultará más beneficioso, no sólo a corto plazo sino en el futuro régimen de visitas del menor con su padre, que le permite ver constantemente a su padre y a su madre, lo cual no es en absoluto incompatible con la atribución a uno solo de los progenitores de la guarda y custodia. De esta forma el menor puede disfrutar de ambos progenitores en la medida más parecida a la que fue anterior a la ruptura matrimonial.

(…)

(…) en esta materia de visitas **debe atenderse principalmente al interés del menor,** principio esencial básicamente en aplicación del artículo 39.3 de la Constitución Española. Como dice en su preámbulo la Convención sobre los Derechos del Niño, adoptada por la Asamblea General de las Naciones Unidas el 20 de noviembre de 1989 y ratificada por España el 30 de noviembre 1990, en todas las medidas concernientes a los niños que se tomen por las instituciones públicas o privadas de bienestar social, los tribunales, las autoridades administrativas o los órganos legislativos, se atenderá, como consideración primordial, al interés superior del niño (expresión esta que se repite reiteradamente a lo largo del texto), asegurándole la protección y el cuidado que sean necesarios para su bienestar, teniendo en cuenta los derechos y deberes de sus padres (artículo 3)».

6.2.3. Régimen de visitas y comunicaciones

Régimen de visitas y comunicaciones con los hijos e hijas nacidos en el seno de una pareja de hecho

Como ya hemos adelantado en el apartado anterior, y atendiendo a las circunstancias concurrentes en el preciso supuesto, siempre velando por el interés superior del menor, con independencia que los progenitores estén casados o no, nos podemos encontrar ante tres sistemas o modelos de guarda y custodia, atribuida a un solo progenitor, a ambos o a los abuelos, parientes u otras personas que así lo consintieren y, de no haberlos, a una institución idónea.

Si bien, en caso de que **no haya acuerdo**, y conforme al **artículo 94 del CC**, la autoridad judicial determinará el tiempo, modo y lugar en que el/la progenitor/a que no tenga consigo a los/as hijos/as menores **podrá ejercitar el derecho de visitarlos, comunicarse con ellos y tenerlos en su compañía.**

Cuando se trate de **hijos/as con discapacidad mayores de edad o emancipados que precisen apoyo para tomar la decisión,** en el procedimiento de nulidad, separación o divorcio, el progenitor que no los tenga en su compañía podrá solicitar que se establezca el modo en que se ejercitará el derecho de visitas y de comunicación.

CUESTIONES

1. Un progenitor o progenitora que no tenga la patria potestad de sus hijos o hijas, ¿podrá tener establecido un régimen de visitas y comunicaciones?

Sí, de acuerdo con la redacción actual del artículo 160 del CC dada por la Ley 26/2015, de 28 de julio, de modificación del sistema de protección a la infancia y a la adolescencia, indica, con toda claridad, quién es el titular de este derecho, y es el menor, lo que supone una enorme modificación en el enfoque y encuadre de este derecho, así en su párrafo primero dispone «Los hijos menores tienen derecho a relacionarse con sus progenitores aunque éstos no ejerzan la patria potestad, salvo que se disponga otra cosa por resolución judicial o por la Entidad Pública (...)».

2. ¿Puede el juez limitar los derechos de visitas y comunicaciones?

Sí, el art. 94 del Código Civil en su párrafo tercero recoge que la autoridad judicial podrá limitar o suspender los derechos de visitas, comunicaciones y estancias cuando se den circunstancias que así lo aconsejen, o cuando se incumplan grave y reiteradamente los deberes impuestos por la resolución judicial. También se establece que no procederá el establecimiento de estos derechos, o si ya estuviesen establecidos se suspenderán, respecto del progenitor que se encuentre incurso en un proceso penal iniciado por atentar contra la vida, la integridad física, la libertad, la integridad moral o la libertad e indemnidad sexual del otro cónyuge o sus hijos, así como cuando la autoridad judicial, a la vista de las alegaciones de las partes y de las pruebas practicadas, advierta la existencia de indicios fundados de violencia doméstica o de género.

El derecho de visitas ha de ser configurado como un **derecho/obligación entendido en sentido amplio** (abarcaría, el derecho de comunicarse y el derecho a visitas *stricto sensu*) del progenitor/a no custodio, siempre y cuando ello beneficie el desarrollo personal de los hijos e hijas, pues el juez, con el objeto de salvaguardar siempre el interés superior de los menores, podrá determinar el tiempo, modo y lugar del ejercicio de este derecho, pudiendo limitarlo o suspenderlo si se dieren graves circunstancias que así lo aconsejen. En este sentido, podemos traer a colación lo dispuesto en la **sentencia del Tribunal Supremo n.º 301/2017, de 16 de mayo, ECLI:ES:TS:2017:1902,** que establece que:

«El art. 94 CC encomienda al juez la determinación del tiempo, modo y lugar del ejercicio del derecho de visitas. El criterio que ha de presidir la decisión que en cada caso corresponda sobre la situación del menor, incluido el régimen del llamado derecho de visita, es el del interés superior del menor, ponderándolo con el de sus progenitores que, aun siendo de menor rango, no resulta por ello desdeñable (sentencia de la sala primera del Tribunal Constitucional 176/2008, de 22 de diciembre, con cita de otras anteriores). Así lo exige el art. 39 de la Constitución y resulta también del art. 92.4 y 8 y del art. 94 CC, que deben ser interpretados a la luz de lo dispuesto en el art. 2 de la Ley Orgánica 1/1996, de 15 de enero, de protección jurídica del menor, reformado por la Ley Orgánica 8/2015, de 22 de julio, de modificación del sistema de protección a la infancia y a la adolescencia».

Pero **¿qué circunstancias o factores suelen tener los tribunales en consideración a la hora de fijar un régimen de visitas, comunicaciones y estancias a favor del progenitor/a no custodio?** Los tribunales tendrán en cuenta, entre otros, los siguientes factores:

- Situación personal, laboral, económica y profesional de los progenitores/as.
- Régimen de visitas y distancia entre los domicilios de los progenitores/as.
- La edad de los hijos, las necesidades afectivas y de todo orden de los mismos, sus costumbres, hábitos, exigencias y responsabilidades escolares.
- Las relaciones del hijo con el progenitor no custodio.
- Las condiciones y cualidades del progenitor no custodio para atenderlos.
- La opinión de los hijos e hijas.

Cabe hacer mención en este apartado, al **derecho del menor a ser oído**, interesa por su novedad y por su utilización controvertida, hacer alusión, aunque sea de manera muy sucinta, a un medio probatorio que cada vez más se está utilizando en procesos judiciales donde están incursos menores (incluidos procesos de familia), nos referimos al denominado **informe de comunicación gestual.** Con este medio probatorio realizado por profesionales, se lleva a cabo un análisis pormenorizado de las micro expresiones que de manera involuntaria revelan sentimientos (miedo, angustia, tristeza, alegría, etc.) ante ciertos estímulos exteriores (como pueden ser, por ejemplo, fotografías), y los cuales pueden revelar del sujeto analizado vivencias que puede haber bloqueado, saliendo a la luz situaciones de violencia, abusos, etcétera.

Este medio probatorio en procesos de familia puede ser relevante e interesante cuando haya indicios de la existencia de episodios de violencia o abusos relacionados con los hijos menores; toda vez que este informe puede ser valorado por el juez *a quo* con el objeto de determinar el régimen de custodia y/o el régimen de visitas más adecuado al caso, pudiendo incluso, a la luz del resultado que este pudiera arrojar, acordar la privación de la patria potestad si procediese.

Sobre el mismo, se pronuncia la **sentencia de la Audiencia Provincial de Barcelona n.º 32/2020, de 17 de enero, ECLI:ES:APB:2020:192,** que sobre estos informes expresa que: «(...) el análisis de micro-expresiones faciales puede servir para identificar las contradicciones existentes entre lo que se expresa con lenguaje oral y lo que se expresa con el lenguaje gestual, pero de la constatación de dichas contradicciones no puede concluirse que haya ocurrido un concreto suceso, ni tampoco que determinados pensamientos que, al evocarse, producen determinas emociones o sentimientos que se expresan por los gestos, se correspondan a vivencias realmente sucedidas y no a creencias asumidas. Como se puso de manifiesto en la vista todos los niños de corta edad asumen como certeza indiscutible que los Reyes Magos existen, pensamiento cierto que es inducido y alimentado por los adultos y la sociedad en general».

En todo caso, la jurisprudencia ha entendido que, **en los casos de custodia monoparental, salvo circunstancias puntuales que puedan perjudicar al menor, la extensión del régimen de visitas y comunicaciones con respecto al padre no custodio ha de ser «amplio y flexible»**.

6.2.4. Pensión alimenticia

Pensión alimenticia a favor de los hijos e hijas nacidos en el seno de una pareja de hecho

Los progenitores están **obligados a velar por los hijos menores y a prestarles alimentos**, con independencia de que ostenten la patria potestad o no (art. 110 del CC). Por lo tanto, la razón de la anterior obligación **se fundamenta en la relación de filiación** con independencia de si los hijos o hijas son matrimoniales o no matrimoniales. De manera que el cese de la relación de pareja o la ruptura de una pareja de hecho no excluye la obligación de los progenitores de prestar alimentos a sus hijos.

¿Qué se entiende por pensión de alimentos a los hijos? En los casos de ruptura de una relación o pareja de hecho, la pensión de alimentos es la obligación que recae sobre uno de los progenitores, habitualmente sobre el progenitor que no tenga consigo a los hijos, frente a estos. La pensión de alimentos **abarca todo lo indispensable para el sustento, habitación, vestido, asistencia médica y educación e instrucción** del alimentista. Asimismo, la pensión de alimentos debe atender al principio de proporcionalidad contenido en el **artículo 146 del Código Civil**:

> «La cuantía de los alimentos será proporcionada al caudal o medios de quien los da y a las necesidades de quien los recibe».

Asimismo, habitualmente el obligado a satisfacer la pensión de alimentos es el progenitor o progenitora que no tenga atribuida la custodia, es decir, el progenitor/a no custodio, si bien debemos atender al caso concreto y, sobre todo, al tipo de custodia fijada respecto de los hijos/as (compartida o exclusiva).

CUESTIÓN

«A» ha estado abonando la pensión de alimentos a «B» durante cinco años ya que creía que era su hijo/a. A día de hoy, y tras las pertinentes pruebas de paternidad, se confirma que «A» no es el progenitor biológico de «B». ¿Tendrá derecho «A» a la restitución de las cantidades abonadas a «B» en concepto de pensión de alimentos?

No, pues los alimentos no tienen efectos retroactivos y no se devuelven, dada la finalidad de la obligación que no busca más que la protección a un menor y

---

> se encuentra configurada como obligación legal y existe, por tanto, justa causa, manteniéndose este deber hasta que se destruye la realidad biológica mediante sentencia. No puede obligarse a devolver, ni en parte, las pensiones percibidas, por lo que, no se devuelven los alimentos como tampoco se devuelven los demás efectos asociados a estos derechos y obligaciones propias de las relaciones de los padres con sus hijos (**sentencia del Tribunal Supremo n.° 629/2018, de 13 de noviembre, ECLI:ES:TS:2018:3700**).

Pero **¿cuándo cesará la obligación de prestar alimentos?** De acuerdo con el artículo 150 del CC:

> «La obligación de suministrar alimentos cesa con la muerte del obligado, aunque los prestase en cumplimiento de una sentencia firme».

Asimismo, cesará también la obligación de dar alimentos (artículo 152 del CC):

- Muerte del alimentista.
- La fortuna del obligado a prestar alimentos se hubiera reducido hasta el punto de no poder satisfacerlos sin desatender sus propias necesidades y las de su familia.
- Cuando el alimentista pueda ejercer un oficio, profesión o industria, o haya adquirido un destino o mejorado de fortuna, de suerte que no le sea necesaria la pensión alimenticia para su subsistencia.
- Cuando el alimentista, sea o no heredero forzoso, hubiese cometido alguna falta de las que dan lugar a la desheredación.
- Cuando el alimentista sea descendiente del obligado a dar alimentos, y la necesidad de aquel provenga de mala conducta o de falta de aplicación al trabajo, mientras subsista esta causa.

6.2.5. Vivienda familiar

Atribución de la vivienda familiar en la ruptura de una pareja de hecho con hijos o hijas menores de edad

Las normas sobre el uso de la vivienda familiar que contiene nuestro Código Civil en relación con el matrimonio y sus crisis, entre ellas, la ruptura del vínculo, **se proyectan más allá de su estricto ámbito a situaciones como la convivencia prolongada de una pareja,** ya que las razones que abonan y justifican aquellas valen también para el caso de parejas estables o parejas de hecho (**sentencia del Tribunal Supremo n.° 221/2011, de 1 de abril, ECLI:ES:TS:2011:2053**).

En caso de que la pareja haya tenido hijos o hijas, el interés que se protege a la hora de atribuir el uso de la vivienda familiar no es la propiedad de la misma sino los derechos que tienen los menores en una situación de crisis de pareja. Por lo que la atribución de uso de la vivienda familiar a los hijos menores de edad es una manifestación del principio del interés del menor, que no puede ser limitada por los jueces, salvo lo establecido en el artículo 96 del CC.

> **CUESTIÓN**
>
> En el caso de vivienda familiar, propiedad proindiviso de una pareja de hecho, a falta de acuerdo, su uso es atribuido al progenitor custodio, si bien el juez ha establecido un límite de uso de dicha vivienda hasta el momento en que se proceda a la división. ¿Es correcto limitar el uso de la vivienda familiar cuando hay menores?
>
> La respuesta a la anterior pregunta la encontramos en la sentencia del Tribunal Supremo n.º 221/2011, de 1 de abril, ECLI:ES:TS:2011:2053, que establece la siguiente doctrina: «la atribución del uso de la vivienda familiar a los hijos menores de edad es una manifestación del principio del interés del menor, que no puede ser limitada por el Juez, salvo lo establecido en el Art. 96 CC». Por lo que, no sería posible establecer un límite temporal de uso de la vivienda familiar en caso de que existan hijos o hijas menores en la pareja, aunque no puede obviarse aquí el posible acuerdo de ambos miembros de la pareja que puedan establecer al respecto.

Por último, y en el mismo sentido que el Tribunal Supremo, cabe mencionar la **sentencia de la Audiencia Provincial de Zamora, n.º 127/2017, de 5 de mayo, ECLI:ES:APZA:2017:214,** que reza el tenor literal siguiente:

«Respecto a esta cuestión y dadas las consideraciones que se contienen en la sentencia recurrida resulta necesario señalar que, tal y como mantiene la Jurisprudencia del TS, **los criterios normativos establecidos en el art. 96 en cuanto a la atribución del uso de la vivienda que constituyó el domicilio familiar, resultan aplicables a estas situaciones de ruptura de parejas de hecho;** así SS de 7 de julio de 2.004, 1 de abril de 2.011 y más recientes de 16 de enero de 2.015, razonando al respecto que: "Las normas que sobre el uso de la vivienda familiar contiene el Código Civil en relación con el matrimonio y sus crisis, entre ellas, la ruptura del vínculo, se proyectan más allá de su estricto ámbito a situaciones como la convivencia prolongada de un hombre y una mujer como pareja, ya que las razones que abonan y justifican aquéllas valen también en este último caso"».

6.2.6. Supuesto de violencia de género o sobre los menores

Supuesto de violencia de género y doméstica sobre los menores

Con la **finalidad de asegurar la protección de los menores,** se tienen en cuenta las situaciones de violencia de género y doméstica en relación con aquellos en distintos aspectos. Así, por un lado, a los efectos de establecer la guarda conjunta de los menores conforme al artículo 92.7 del CC que establece:

«7. No procederá la guarda conjunta cuando cualquiera de los progenitores esté incurso en un proceso penal iniciado por intentar atentar contra la vida, la integridad física, la libertad, la integridad moral o la libertad e indemnidad sexual del otro cónyuge o de los hijos que convivan con ambos. Tampoco procederá cuando el juez advierta, de las alegaciones de las partes y las pruebas practicadas, la existencia de indicios fundados de violencia doméstica o de género. Se apreciará también a estos efectos la existencia de malos tratos a animales, o la amenaza de causarlos, como medio para controlar o victimizar a cualquiera de estas personas».

Por otro lado, en relación con el régimen de visita o estancia, la Ley 8/2021, de 2 de junio, por la que se reforma la legislación civil y procesal introdujo dos nuevos párrafos al art. 94 del CC que dicen así:

«No procederá el establecimiento de un régimen de visita o estancia, y si existiera se suspenderá, respecto del progenitor que esté incurso en un proceso penal iniciado por atentar contra la vida, la integridad física, la libertad, la integridad moral o la libertad e indemnidad sexual del otro cónyuge o sus hijos. Tampoco procederá cuando la autoridad judicial advierta, de las alegaciones de las partes y las pruebas practicadas, la existencia de indicios fundados de violencia doméstica o de género. No obstante, la autoridad judicial podrá establecer un régimen de visita, comunicación o estancia en resolución motivada en el interés superior del menor o en la voluntad, deseos y preferencias del mayor con discapacidad necesitado de apoyos y previa evaluación de la situación de la relación paternofilial.

No procederá en ningún caso el establecimiento de un régimen de visitas respecto del progenitor en situación de prisión, provisional o por sentencia firme, acordada en procedimiento penal por los delitos previstos en el párrafo anterior».

Asimismo, nuestro Alto Tribunal ha declarado como jurisprudencia consolidada que **la interpretación del artículo anterior debe estar fundada en el interés de los menores que van a quedar afectados por la medida que se deba tomar de guarda y custodia.**

Por lo tanto, **el interés preferente del menor puede justificar la limitación y suspensión del régimen de comunicación entre padres e hijos,** así el **Tribunal Supremo en su sentencia n.º 625/2022, de 26 de septiembre, ECLI:ES:TS:2022:3402,** señala:

«En efecto, pueden concurrir circunstancias que justifiquen la limitación de tal régimen de comunicación o su suspensión, en tanto en cuanto un régimen de visitas impuesto resulte perjudicial para el interés superior de los menores, pues las medidas que deben adoptarse al respecto «son las que resulten más favorables para el desarrollo físico, intelectivo e integración social del menor»(...)».

6.3. Liquidación del régimen económico de la pareja de hecho

Régimen económico de la pareja de hecho y su liquidación

Las relaciones económicas de la pareja de hecho habrán de regirse por los pactos reguladores que al efecto establezcan ambos miembros tanto para el tiempo de convivencia como para después del cese. Esta afirmación deriva del hecho de la falta de analogía existente entre la pareja de hecho y el matrimonio, lo que supone que se niegue la existencia de un régimen económico propio como así se determina en el caso de las uniones matrimoniales. Lo anterior ha sido consolidado por el Tribunal Supremo reiteradamente y también acogido por las distintas audiencias provinciales como así refleja, entre otras, la **sentencia de la AP de Madrid n.º 53/2023, de 30 de enero, ECLI:ES:APM:2023:1068**.

Así pues, en relación con el régimen económico de las parejas de hecho, cabe extraer de la jurisprudencia del Tribunal Supremo las siguientes conclusiones (entre otras, la **STS n.º 299/2008, de 8 de mayo, ECLI:ES:TS:2008:2187**, y la **STS n.º 416/2011, de 16 de junio, ECLI:ES:TS:2011:3634**):

- Con carácter general, no existe analogía entre la pareja de hecho y el matrimonio.

- Las parejas de hecho se configuran como una modalidad de familia, pero no es equivalente al matrimonio, de ahí que no se transponga su régimen jurídico, salvo excepciones.

- El mero hecho de la convivencia no supone la aparición de un régimen económico determinado.

- Habrá de estarse a los pactos que en materia de relaciones económicas establezcan los convivientes, que podrán optar por el régimen de la comunidad de bienes o cualquier otro. No es necesario que el pacto sea expreso.

Por lo tanto, no existiendo régimen económico como tal, habrán de ajustarse las relaciones económicas a las normas específicas que en este sentido se prevean, a los pactos alcanzados por los integrantes de la pareja, en su caso, y, en defecto de lo anterior, se podrá acudir a la técnica del enriquecimiento injusto. Así señala la **sentencia del Tribunal Supremo n.º 611/2005, de 12 de septiembre, ECLI:ES:TS:2005:5270**:

> «De ahí que la falta de igualdad entre el matrimonio y la unión de hecho conlleva que los convivientes no gocen de régimen económico matrimonial, a no ser que pacten cualquier tipo de sistema al amparo del artículo 1255 Código civil, de acuerdo con la libertad que tienen, no sólo para constituir la unión, sino también para atribuirle los efectos que consideren convenientes. Y también que no puedan aplicarse automáticamente las reglas que se refieren a la ruptura del matrimonio, salvo lo que diremos».

Si bien, **la aplicación del enriquecimiento injusto para las reclamaciones entre parejas de hecho una vez se produce la ruptura de la convivencia no debe conllevar una excesiva generalización** pues, puede crear riesgos para la seguridad jurídica, su aplicación ha de llevarse a cabo en supuestos concretos.

Es interesante, por ejemplo, el caso analizado en la **sentencia de la Audiencia Provincial de Bilbao n.º 177/2023, de 20 de junio, ECLI:ES:AP-BI:2023:407,** en el que uno de los miembros de la pareja de hecho hace un ingreso de una cantidad correspondiente a una indemnización por un accidente en una cuenta bancaria abierta a nombre del otro miembro de la pareja. El que ingresó el dinero se lo reclama al otro tras la ruptura de la pareja. La audiencia resuelve al respecto:

> «De lo expuesto se desprende que **la demandante realizó el ingreso en la cuenta del demandado para contribuir en el sostenimiento de la familia, siendo consciente de la finalidad de utilización de la cantidad ingresada, no pudiendo por ello apreciarse que el demandado haya obtenido un enriquecimiento injusto;** acción que, como tiene dicho se ha hecho por dicho Tribunal Supremo un desarrollo que no se encuentra regulada expresamente en nuestro ordenamiento jurídico.
>
> En conclusión y en aplicación de todo lo expuesto no se aprecia error en la valoración de la prueba y ello por cuanto **la situación de la actora no se vio empobrecida por su relación con el finado, ni éste vio incrementado su patrimonio con dicha relación,** lo que ocurrió, tal y como la documental aportada con la demanda acredita es que ambos disfrutaron de la cantidad en beneficio de la familia y mantener el nivel de vida ordinario que ambos establecieron durante su relación como pareja de lo que resulta imposible entender que no haya una justa causa o en su caso que este aprovechamiento fuera injusto, entendiéndose, como dice la sentencia que en todo caso el beneficio que se dice del demandado estaba legitimado por la propia voluntad de la demandante».

Para proceder a la liquidación de las relaciones económicas de la pareja, la mayor parte de las normas autonómicas contemplan, como ya se ha dicho, la posibilidad de establecer pactos por los miembros de la pareja de hecho a los cuales habrá de atenderse preferentemente. Si no existen estos, se opta mayoritariamente en la jurisprudencia por la separación patrimonial y la independencia económica de los integrantes.

Entonces **¿cómo se liquida el régimen económico?** Habrá de estarse a las circunstancias del caso concreto. Al partir de la separación de patrimonios y en tanto no se aprecie influencia alguna de un integrante de la pareja en el patrimonio del otro, la respuesta es sencilla, cada uno es titular de sus bienes, derechos y obligaciones y no es necesario determinar nada al respecto. Los problemas pueden surgir en caso de incidencia de uno de los miembros en el patrimonio del otro, bien por las aportaciones que se hagan en bienes privativos del otro, bien porque se adquieran bienes en común.

Por lo tanto **¿qué sucede cuando ambos integrantes poseen bienes en común?** Pues bien, en este caso, se tratará de una situación de copropiedad o condominio que se resolverá teniendo en cuenta las aportaciones de cada uno a la adquisición del bien. En este sentido, podrán estar a lo previsto en los pactos reguladores que hubieran establecido en su caso, o bien acordar atribuirlo a uno de ellos indemnizando al otro lo que corresponda o vender el bien y distribuir el precio obtenido entre ambos en la proporción que corresponda. Procederá, en su caso, el procedimiento de división de la cosa común.

Y si estamos ante un bien de uno de los miembros de la pareja en el que el otro ha realizado aportaciones, **¿cómo se resolverá esta situación al tiempo de la ruptura?** Podrá tener el miembro no titular del bien derecho a que se le indemnicen las cantidades abonadas, ello sin perjuicio de su deber de contribuir a los gastos comunes y al mantenimiento de la casa. Asimismo, puede darse una acción de enriquecimiento injusto siempre que concurran los siguientes elementos (**sentencia de la AP de Tarragona n.º 258/2022, de 5 de mayo, ECLI:ES:APT:2022:851**):

- El enriquecimiento de uno de los integrantes de la pareja, bien por aumento de su patrimonio bien por la no disminución del mismo que se hubiera producido de no mediar el acto del otro.

- El correlativo y exacto empobrecimiento de otro miembro, bien por la salida de bienes de su patrimonio bien por el incremento de deudas que graven el mismo.

- La ausencia de causa jurídica que justifique el desplazamiento patrimonial.

- La ausencia de precepto legal o de acto convencional que excluya la pretensión y autorice al demandado para incorporar o retener lo recibido.

Pues bien, como resumen de lo anteriormente expuesto resulta especialmente interesante la **sentencia de la AP de Valencia n.º 515/2022, de 7 de diciembre, ECLI:ES:APV:2022:4404**, la cual con cita a muchas otras señala:

«SEGUNDO. La jurisprudencia tiene declarado que, si bien las **uniones extramatrimoniales o parejas de hecho merecen el reconocimiento como una modalidad de familia,** tal reconocimiento lo es "**sin equivalencia con el matrimonio**, por lo que no cabe trasponerle el régimen jurídico de éste, salvo en algunos de sus aspectos" (SSTS 611/2005, de 12 septiembre; 416/2011 de 16 de junio). Entre los integrantes de la unión extramatrimonial no existe un régimen económico matrimonial, sino **economía y patrimonio personales independientes, salvo que se hubiera pactado expresamente un régimen de comunidad** de algún tipo (STS 1048/2006, de 19 octubre; 40/2011, 7 febrero).

Las relaciones patrimoniales entre los integrantes de la unión **se rigen por los pactos que hubieran alcanzado y en defecto de pacto** entre los convivientes, deben aplicarse **los principios generales del derecho** (STS 130/2014, de 6 de marzo); así la STS 299/2008 de 8 de mayo señala que «debe estarse a los pactos que hayan existido entre las partes relativos a la organización económica para la posterior liquidación de estas relaciones» (STS de 18 febrero 2003). La sentencia de 12 septiembre 2005, seguida por la de 22 febrero 2006, declara de forma contundente que «las consecuencias económicas del mismo deben ser reguladas en primer lugar por ley específica; en ausencia de la misma se regirán por el pacto establecido por sus miembros, y, a falta de ello, en último lugar por aplicación de la técnica del enriquecimiento injusto... No se requiere que el pacto regulador de las consecuencias económicas de la unión de hecho sea expreso. Esta Sala **ha admitido los pactos tácitos**, que se pueden deducir de los facta concludentia, debidamente probados durante el procedimiento (SSTS de 4 junio 1998 y 26 enero 2006)".

En esta materia, la SAP Navarra sección 3 de fecha 18 de mayo de 2021 establece "A fin de determinar la eventual existencia de enriquecimiento sin causa para uno de los integrantes de la pareja de hecho fruto de sus relaciones económico-patrimoniales, una vez extinguida la relación entre ambos, hemos resuelto en anteriores ocasiones que debe distinguirse 'entre los gastos efectuados por los miembros de la pareja susceptibles de ser encuadrados en el concepto de potestad doméstica y los gastos efectuados por uno de los miembros para contribuir a las adquisiciones que hubieran llevado a efecto su pareja sentimental, pues mientras los primeros no son susceptibles de reclamación y repetición, salvo que se acredite la existencia de pactos al respecto que indiquen lo contrario, los segundos podrán dar lugar a la **reclamación que corresponde por el valor de su aportación, 'en la medida en que no se consideren meras contribuciones a las necesidades de la pareja encuadrables en el ámbito de la potestad doméstica''** (Sentencias de esta Sección 594/2019 de 22 noviembre. JUR 2020\46570; 24/2016 de 22 enero. JUR 2016\146757; 272/2015 de 30 junio. JUR 2016\14660). El derecho al reembolso por las mayores aportaciones realizadas por uno de los convivientes ha sido también reconocido recientemente por el Tribunal Supremo en sentencia 168/2021 de 24 marzo (JUR 2021\105765). Aunque su doctrina venía referida al caso concreto de adquisición de un bien inmueble común a ambos integrantes de la pareja de hecho y la acción ejercitada no era la de enriquecimiento injusto sino la acción de división de la vivienda y derecho de uso, tanto más habrá de reconocerse ese derecho en el caso de que se acredite enriquecimiento sin causa en un supuesto de aportaciones de ambos integrantes de la unión extramatrimonial para la adquisición de un bien propio de uno de ellos»».

6.4. Acción de división de la cosa común

¿Cuándo procede la acción de división de la cosa común?

Hay que partir aquí de lo previsto en el **artículo 392 del Código Civil (CC)** que establece en cuanto a la comunidad de bienes:

> «Hay comunidad cuando la propiedad de una cosa o un derecho pertenece pro indiviso a varias personas.
> A falta de contratos, o de disposiciones especiales, se regirá la comunidad por las prescripciones de este título».

En la misma línea, señala el **artículo 400 del CC** que:

> «Ningún copropietario estará obligado a permanecer en la comunidad. Cada uno de ellos podrá pedir en cualquier tiempo que se divida la cosa común.
>
> Esto no obstante, será válido el pacto de conservar la cosa indivisa por tiempo determinado, que no exceda de diez años. Este plazo podrá prorrogarse por nueva convención».

CUESTIÓN

¿Cuál es el plazo de prescripción previsto para ejercitar la acción de división de la cosa común?

Se infiere del artículo 1965 del CC la imprescriptibilidad de esta acción en tanto el mismo establece que «No prescribe entre coherederos, condueños o propietarios de fincas colindantes la acción para pedir la partición de la herencia, la división de la cosa común o el deslinde de las propiedades contiguas».

Trasladado lo anterior al ámbito de las parejas de hecho cabe tener en cuenta la **sentencia de la AP de La Rioja n.º 72/2022, de 18 de marzo, ECLI:ES:APLO:2022:106**, conforme a la cual:

> «Los bienes adquiridos durante la convivencia no se hacen comunes a los convivientes, por lo que pertenecen a quien los haya adquirido; sólo cuando de forma expresa o de forma tácita (por medio de hechos concluyentes) se pueda llegar a determinar que se adquirieron en común, puede producirse la consecuencia de la existencia de dicha comunidad (...)».

En este sentido, en las parejas de hecho, la regla general es la **independencia económica y la separación patrimonial**, de manera que los bienes, derechos y obligaciones existentes pertenecen al miembro de la pareja que los haya adquirido o, en su caso, asumido. No obstante lo anterior, es posible que, en las relaciones mantenidas entre los integrantes durante el tiempo de la convivencia en pareja, confluyan los bienes, derechos y obligaciones de ambos entrando en juego la necesidad de determinar el grado de participación de cada uno para el caso de ruptura de la pareja.

Es en este punto donde puede aparecer la **acción de división de la cosa común** que podrá solicitarse en relación con cualquier bien que pertenezca, en común o en *pro indiviso*, a ambos miembros de la pareja. Cualquiera de ellos podrá pedir en cualquier tiempo la división de la cosa común y ejercerá la acción frente al otro miembro de la pareja.

A TENER EN CUENTA. En cuanto al ejercicio de la acción de división de cosa común, prevé el artículo 437.4 de la LEC, en el ámbito del juicio verbal y respecto de los cónyuges, la posible acumulación de la acción a los procedimientos de separación, divorcio o nulidad o a los que tengan por objeto obtener la eficacia civil de las resoluciones o decisiones eclesiásticas. Si bien esto no se prevé para el caso de las parejas de hecho en tanto tales procesos no les son de aplicación, de manera que la misma se ejercerá a través del procedimiento declarativo que corresponda en función de la cuantía.

A la hora de hacer la división de la cosa común, deberá atenderse a las aportaciones de cada uno de los titulares de la cosa, si fuese posible determinarlas. En su defecto, se entiende que les pertenece a ambos por mitad, es decir, cada uno es titular del cincuenta por ciento de la cosa. Así podrá:

- Dividirse la cosa, si es materialmente posible.
- Atribuirse a uno de los titulares que deberá abonar al otro la parte que de ella le corresponda.
- Venderse la cosa y distribuirse su precio entre los titulares en la proporción que corresponda a su grado de participación en ella.

Pero **¿qué sucede en el caso de que se trate de una cosa común atribuida a uno de los titulares?** En este supuesto, destaca especialmente el caso de la vivienda familiar de la pareja. Pues bien, tratándose de la vivienda familiar que ha sido adquirida por ambos miembros de la pareja —es decir, les pertenece *pro indiviso*—, pero se hubiera atribuido el uso en favor de uno de ellos, habiendo hijos y en interés de estos últimos, será posible, igualmente, ejercer la acción de división de la cosa común por uno de ellos. Por lo tanto, admitida la posibilidad de ejercicio de la acción por uno de los titulares, no debe por ello obviarse que habrá de respetarse, aún en ese caso, el derecho de uso existente sobre la misma. Esto significa que, atribuido el uso de la vivienda en interés de los hijos a uno de los titulares de la misma, podrá el otro ejercer la división de la cosa, sin perjuicio de lo cual deberá respetarse aquel derecho de uso.

En definitiva, el ejercicio de la acción de división de la cosa común no extingue el derecho de uso existente sobre la misma. **¿Esto será así en todo caso?** No, puesto que cabe la posibilidad de que el derecho de uso se establezca en interés de los menores durante el tiempo que medie hasta el ejercicio de aquella acción. En ese caso, la acción de división sí extingue el derecho de uso por así haberse establecido al tiempo de su constitución.

En relación con lo anterior resulta especialmente interesante la **sentencia del Tribunal Supremo n.º 168/2021, de 24 de marzo, ECLI:ES:TS:2021:1108**, que reza como sigue:

> «La adquisición conjunta y por mitad es un indicio de la voluntad de aportaciones iguales, y para que no proceda el reembolso por las mayores aportaciones realizadas por uno de los convivientes es preciso acreditar que concurre alguna causa que lo excluya, como el ánimo liberal del aportante, o el pacto de reparto de gastos familiares que compense lo aportado para la adquisición, etc. La sentencia 40/2011, de 7 de febrero, en un caso semejante al presente declaró: "En definitiva, se ha probado que el inmueble se adquirió por mitades indivisas y que uno de los partícipes, el Sr. Fermín, había realizado aportaciones superiores a las de la otra partícipe, la recurrente. Lo que no se ha probado es que el Sr. Fermín hubiera donado a la Sra. Zaira. el mayor valor que aportó, por lo que se generó un crédito en el que la Sra. Zaira resulta deudora. Y ello ocurre precisamente, debe repetirse para evitar interpretaciones interesadas o erróneas, porque la recurrente es propietaria de dicha mitad"».

6.5. Custodia de los animales de compañía tras la ruptura de la pareja

¿Qué sucede con los animales de compañía tras la ruptura de la pareja de hecho?

Tras la reforma operada por la Ley 17/2021, de 15 de diciembre, sobre el régimen jurídico de los animales, estos dejan de ser considerados cosas y pasan a considerarse «seres dotados de sensibilidad», así establece el artículo 333 bis, apartado 1, del CC:

> «Los animales son seres vivos dotados de sensibilidad. Solo les será aplicable el régimen jurídico de los bienes y de las cosas en la medida en que sea compatible con su naturaleza o con las disposiciones destinadas a su protección».

Con esta reforma también se incorporan los animales de compañía en las normas relativas a las crisis matrimoniales para concretar el régimen de convivencia y cuidado de los mismos, así cabe citar la **sentencia de la AP de La Rioja n.º 168/2022, de 3 de junio, ECLI:ES:APLO:2022:246,** que dice:

> «Mediante esta Ley, en la línea ya marcada por otros ordenamientos jurídicos comunitarios que han modificado sus Códigos Civiles para adaptarlos a la mayor sensibilidad social hacia los animales existente en nuestros días, y asimismo (y sobre todo) en línea con el artículo 13 del Tratado de Funcionamiento de la Unión Europea, que exige que los Estados respeten las exigencias en materia de bienestar de los animales como «seres sensibles», se procedió a la modificación de distintos preceptos del Código Civil en cuya virtud los animales dejaban de ser considerados como cosas muebles, y pasaban a tener ontología jurídico-civil propia. Por lo que aquí interesa, la Ley 17/2021, de 15 de diciembre, pretendió adecuar no ya solo el Código Civil a la verdadera naturaleza de los animales, sino también a la naturaleza de las relaciones, particularmente las de convivencia, que se establecen entre estos y los seres humanos. Por eso, desde la entrada en vigor de esta ley se contemplan por primera vez, dentro de las normas relativas a las crisis matrimoniales, preceptos destinados a concretar el régimen de convivencia y cuidado de los animales de compañía, sentando los criterios sobre los que los tribunales deben tomar la decisión de a quién entregar el cuidado del animal, atendiendo a su bienestar».

Pues bien, estas nuevas normas relativas al destino, guarda y custodia de los animales de compañía se contemplan específicamente en el ámbito matrimonial, sin alusión a los casos de ruptura de las parejas de hecho. La única previsión en la que pueden encuadrarse estas en relación con los animales es la contenida en el artículo 404 del CC que hace alusión al caso de condominio de un animal de compañía en este caso concreto de la pareja, y a la atribución del mismo a uno de los dueños en caso de ruptura y discrepancia entre ellos. Se equipara, con especialidades, al supuesto de cosas indivisibles y prevé:

> «(...)
>
> En caso de animales de compañía, la división no podrá realizarse mediante su venta, salvo acuerdo unánime de todos los condueños.
>
> A falta de acuerdo unánime entre los condueños, la autoridad judicial decidirá el destino del animal, teniendo en cuenta el interés de los condueños y el bienestar del animal, pudiendo preverse el reparto de los tiempos de disfrute y cuidado del animal si fuere necesario, así como las cargas asociadas a su cuidado».

Entonces, en base a este precepto, **tratándose de animales de compañía se tendrá en cuenta el interés de los condueños y el bienestar animal,** pero no se atenderá al interés de la familia lo cual para algunos sectores resulta contradictorio con el principio esencial de protección animal.

Pues bien, a la vista de lo anterior, parecería lógico que, al igual que sucede en otros aspectos, **las normas relativas a la guarda y custodia de los animales de compañía en caso de crisis matrimoniales** fueran aplicables a los supuestos de ruptura de las parejas de hecho, si bien esto habrá que dilucidarlo, a falta de previsión legal, conforme se vayan dando estos supuestos en los tribunales.

Entre tanto esto no se produzca, se atenderá al acuerdo de las partes al respecto y, en su defecto, se atribuirá el animal a su titular registral y, en caso de ser dueños ambos miembros de la pareja, se determinará la titularidad atendiendo al interés de los condueños y a la protección del bienestar del animal.

A título de ejemplo, cabe citar, en primer lugar, la **sentencia del Juzgado de Primera Instancia n.º 7 de Santander n.º 476/2024, de 2 de septiembre, ECLI:ES:JPI:2024:268,** en la que se decide la **custodia compartida de un perro** atendiendo a los siguientes aspectos:

- La adquisición del animal, que se entiende en este caso que fue adquirido por ambas partes de mutuo acuerdo.

- El trato afectivo y cariñoso entre la mascota y los dueños mientras la relación sentimental duró.

- El interés de las partes en alimentar y mantener al perro.

- Si no hay pruebas que indiquen lo contrario la relación del animal con sus dueños lo beneficiaría, en palabras del juzgado «puesto que es notorio y conocido el amor y devoción que profesan los perros a las personas que los han criado y con los que han convivido durante un tiempo».

Por lo tanto, sin una prueba que pueda resultar perjudicial para el perro o incluso para alguna de las partes, la citada sentencia entiende que lo más beneficioso es instaurar una custodia compartida de la mascota siendo la misma de propiedad de ambas partes, dada la estrecha relación asistencial y afectiva con la ella.

En segundo lugar, una postura diferente sostiene la **sentencia de la Audiencia Provincial de Sevilla n.º 18/2024, de 18 de enero, ECLI:ES:AP-SE:2024:160**, en la que la **custodia del animal se atribuye en exclusiva a una de las partes** contraviniendo la sentencia de primera instancia que había fijado un régimen de custodia compartida. Así, establece:

> «2.3.Carecemos de prueba suficiente que acredite que dada la etología del animal controvertido , la solución de compartir la tenencia y por meses sea la adecuada , no basta el afecto por el animal ni el interés de los afectados por dicha tenencia sino que resulta preciso acreditar que Baronesa puede compartir dos domicilios , con costumbres distintas y por los periodos determinados sin ver afectado su bienestar y esta prueba no se ha practicado. La alternancia tras la ruptura si es un acto de responsabilidad hacia el animal que no puede perder el vinculo afectivo de forma traumática pero no es la expresión de un acuerdo entre las partes ; por todo ello se estima el recurso de apelación y se deja sin efecto la sentencia impugnada quedado la perra Baronesa bajo la tenencia de la demandada».

7.
PENSIÓN COMPENSATORIA
Y PAREJAS DE HECHO

Pensión compensatoria en el
caso de parejas de hecho

Las uniones de hecho **no tienen una regulación propia en el derecho estatal** de manera que tampoco existe normativa para regular los casos de crisis en este tipo de parejas. Tales uniones se caracterizan por ser **estables, de dos personas mayores de edad o menores emancipados, con intereses comunes para el desarrollo de una vida familiar**, y se regulan, básicamente, a través de leyes de carácter autonómico.

En relación con los **efectos patrimoniales** entre los convivientes, ha de estarse en primer lugar al pacto entre las partes. Asimismo, el Tribunal Supremo se ha mostrado **contrario** a aplicar a las uniones de hecho el régimen económico matrimonial, en particular el de la sociedad de gananciales.

Por lo tanto, en palabras del Alto Tribunal, en **sentencia n.º 431/2010, de 7 de julio, ECLI:ES:TS:2010:3530, el mero hecho de convivir no supone que aparezca un régimen económico determinado**, ni que se pueda aplicar alguno de los dispuestos por la ley para la sociedad conyugal, sino que habrá que estar a lo expresamente pactado o, más habitualmente, a las actuaciones de las partes durante la convivencia para determinar cuáles eran sus intenciones respecto de los bienes que se iban adquiriendo.

En suma, la pareja de hecho está reconocida en nuestra sociedad como una modalidad de familia aunque sin equivalencia al matrimonio. Por lo que, y a la vista de lo anterior, ¿se podrá establecer legalmente la pensión compensatoria en las rupturas de las uniones de hecho? Para responder a esta cuestión, debe valorarse los siguientes criterios:

- **El artículo 97 del Código Civil, relativo a la pensión compensatoria, solo recoge los casos en los que exista un matrimonio previo,** alejándose de la aplicación por analogía de las normas propias del matrimonio (artículos 96, 97 y 98 del CC), pues tal aplicación comportaría una penalización de la libre ruptura de la pareja, y más especialmente una penalización al miembro de la pareja que no desea su continuidad. Pues no tiene sentido imponer una compensación económica por la ruptura a quien precisamente nunca quiso acogerse al régimen jurídico del matrimonio que prevé dicha compensación para el caso de ruptura del matrimonio por separación o divorcio.

- El **artículo 221 de la LGSS relativo a la pensión de viudedad en las parejas de hecho que entró en vigor el 1 de enero de 2022,** exige, entre otros requisitos, que para la concesión de la pensión de viudedad a las parejas de hecho extinguidas por voluntad de uno de los cónyuges, **la persona supérstite sea acreedora de una pensión compensatoria y que esta se extinga con motivo de la muerte del causante.** Por lo que, el referido artículo abre la puerta a la aplicación del artículo 97 del CC a las parejas de hecho en contradicción con la jurisprudencia mencionada.

A tenor de lo anterior, se debe valorar que la ruptura de una pareja de hecho puede generar perjuicios a uno de los miembros de la pareja, y que ello no implique el deber de indemnizar del miembro de la pareja que no ha sido perjudicado, pues y, en palabras del Tribunal Supremo, los convivientes han aceptado crear una unión al margen del matrimonio legalmente establecido que, al contrario de lo que ocurre en las uniones de hecho, sí crea derechos y obligaciones durante su vigencia así como al término de la misma (**sentencia del Tribunal Supremo n.º 611/2005, de 12 de septiembre, ECLI:ES:TS:2005:5270, reiterada por la sentencia del Tribunal Supremo n.º 17/2018, de 15 de enero, ECLI:ES:TS:2018:37**).

La jurisprudencia acude, en este caso, a la figura de la **acción del enriquecimiento injusto,** siempre y cuando concurran los requisitos que la jurisprudencia tiene delimitados para que opere la misma. De manera que, para aplicar la **doctrina del enriquecimiento injusto** será necesario la concurrencia de **tres requisitos** (**sentencia del Tribunal Supremo n.º 584/2014, de 16 de octubre, ECLI:ES:TS:2014:5209**):

- **Enriquecimiento** de uno solo de los miembros de la pareja de hecho.

- **Correlativo empobrecimiento** del otro miembro de la pareja de hecho.

- **Inexistencia de causas que justifiquen tanto el enriquecimiento como el correlativo empobrecimiento** de los miembros de la pareja de hecho.

La compensación que se pueda conceder en los supuestos de ruptura requiere básicamente que se produzca un desequilibrio, que se medirá en relación al otro miembro de la pareja y que implica un empeoramiento en relación con la situación anterior.

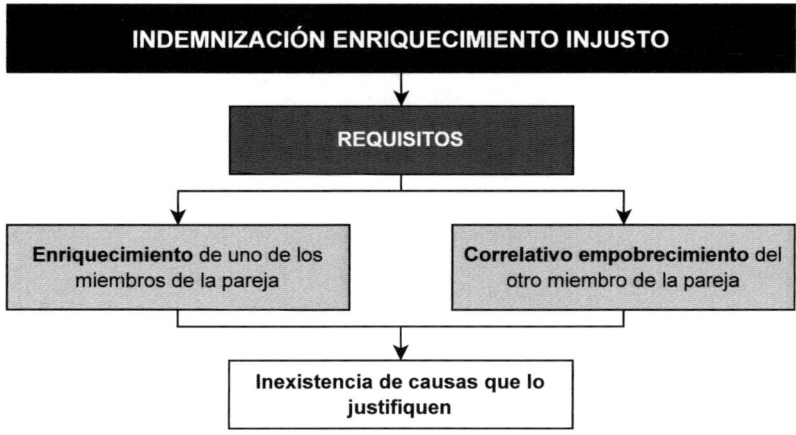

CUESTIÓN

¿La pareja de hecho puede pactar un resarcimiento económico a uno de sus miembros para el caso de ruptura?

Sí, se admite en todo supuesto que los miembros de una pareja de hecho pacten la determinación de un resarcimiento económico en caso de ruptura de la convivencia (sentencia del Tribunal Supremo n.º 611/2005, de 12 de septiembre, ECLI:ES:TS:2005:5270), de acuerdo con el artículo 1255 del Código Civil: «Los contratantes pueden establecer los pactos, cláusulas y condiciones que tengan por conveniente, siempre que no sean contrarios a las leyes, a la moral ni al orden público».

En cuanto a la **acumulación de acciones,** no existe en el ámbito estatal una norma que prevea la acumulación en un único proceso de todas las acciones dirigidas a poner fin a la relación de pareja y la aplicación de las reglas legales se dirigen a excluir tal acumulación.

Es decir, **no es posible acumular en el mismo procedimiento una acción de petición de una pensión con las cuestiones referidas a la patria potestad, la custodia, los alimentos de los hijos comunes y el uso de vivienda familiar.** Pues, la acción de petición de una pensión entre los miembros de una pareja de hecho no está comprendida en los procesos matrimoniales. En este sentido, es interesante la lectura de la **sentencia del Tribunal Supremo n.º 17/2018, de 15 de enero, ECLI:ES:TS:2018:37.**

De manera que para saber cuál será el procedimiento a seguir para solicitar la indemnización por enriquecimiento injusto, deberemos acudir al juicio ordinario o verbal en función de la cuantía, regulado en el Ley de Enjuiciamiento Civil.

No obstante, a la vista de lo hasta aquí expuesto, cabe destacar que el hecho de que no se reconozca la existencia de pensión compensatoria como tal a las parejas de hecho en el caso de ruptura no es óbice para que en algunas normas autonómicas —Illes Balears, entre otras— se haga referencia a una posible compensación económica entre los miembros de la pareja y con características particulares en cada caso, que podría considerarse análoga a la citada pensión compensatoria en el ámbito matrimonial.

En conclusión, mientras no se produzca un cambio jurisprudencial que reconozca el derecho propio a la pensión compensatoria de las parejas de hecho, se deberá atender a la regulación autonómica que las recoja de forma expresa y, de no ser el caso, y en relación con el derecho a la pensión de viudedad, a la equiparación de la pensión por enriquecimiento injusto o a las pensiones establecidas por pacto en caso de separación de pareja de hecho en aquellos supuestos en los que tengan similares características a la pensión compensatoria para dar cumplimiento al art. 221 de la LGSS.

8.
LA PENSIÓN DE VIUDEDAD EN LAS PAREJAS DE HECHO

¿Tienen las parejas de hecho derecho a la pensión de viudedad?

Del artículo 221 de la LGSS y del supuesto excepcional previsto en la D.A. 40.ª de la LGSS, se infiere que las parejas de hecho tienen derecho a la pensión de viudedad. Así pues, se reconoce el derecho a la pensión de viudedad, con carácter vitalicio, cumpliendo los requisitos previstos para la pensión de viudedad del cónyuge superviviente, a la persona que se encuentre unida al causante en el momento de su fallecimiento como pareja de hecho.

¿Qué se entiende por pareja de hecho?

Según el artículo 221.2 de la LGSS, se entiende como tal aquella pareja constituida, con análoga relación de afectividad a la conyugal, por quienes, no hallándose impedidos para contraer matrimonio, no tengan vínculo matrimonial con otra persona ni constituida pareja de hecho, y **acrediten, mediante certificado de empadronamiento, una convivencia estable y notoria con carácter inmediato al fallecimiento del causante y con una duración ininterrumpida no inferior a cinco años**, salvo que existan hijos en común, en cuyo caso solo deberán acreditar la constitución de la pareja de hecho.

¿Cómo se acredita la existencia de la pareja de hecho?

a) Certificación de la inscripción en registros específicos

La acreditación de la existencia de la pareja de hecho se realiza a través de certificación de la inscripción en alguno de los registros específicos existentes en las comunidades autónomas o ayuntamientos del lugar de residencia o mediante documento público en el que conste la constitución de la pareja. La inscripción o, en su caso, la formalización del documento público deberá haberse producido con una **antelación mínima de dos años con respecto a la fecha del fallecimiento del causante**. Ha sido esta última la cuestión que mayor polémica ha generado en cuanto a la pensión de viudedad de las parejas de hecho, existiendo sentencias con posturas diferentes relativas a acreditar la existencia de la pareja de hecho, toda vez que la LGSS, como ya hemos señalado y, en el mismo sentido, el artículo 38 del Real Decreto Legislativo 670/1987, de 30 de abril, exigen certificado de la inscripción en el registro correspondiente o documento público de constitución de la pareja.

b) Acreditación de la existencia de pareja de hecho por métodos distintos a la inscripción en registros específicos

¿Se admiten otras formas de acreditar la consideración de pareja de hecho a los efectos de la pensión de viudedad? Pues bien, para dar respuesta a esta cuestión debemos tener en cuenta diferentes posturas.

El TS, en su **sentencia n.º 608/2020, de 28 de mayo, ECLI:ES:TS:2020:1541**, mantenía la postura favorable a limitar restrictivamente los medios de acreditación de la existencia de pareja de hecho a los previstos en la LGSS, así señalaba que «(...) la prueba de la existencia de una pareja de hecho solamente puede acreditarse a los efectos del reconocimiento del derecho a la pensión de viudedad mediante los medios señalados en el párrafo cuarto del artículo 38.4 del Real Decreto Legislativo 670/1987, es decir, mediante la **inscripción en un registro específico autonómico o municipal del lugar de residencia o mediante un documento público** y que ambos deben ser anteriores, al menos, en dos años al fallecimiento del causante».

En sentido contrario, se pronunció la **sentencia del Tribunal Supremo n.º 480/2021, de 7 de abril, ECLI:ES:TS:2021:1283**, al admitir que se acredite la existencia de pareja de hecho mediante medio válido en derecho, por ello establece que «(...) la prueba de la existencia de una pareja de hecho no solo puede acreditarse a los efectos del reconocimiento del derecho a la pensión de viudedad mediante los medios señalados en el párrafo cuarto del artículo 38.4 del Real Decreto Legislativo 670/1987, es decir mediante la inscripción en un registro específico autonómico o municipal del lugar de residencia o mediante un documento público y que ambos deben ser anteriores, al menos, en dos años al fallecimiento del causante, sino **también mediante el certificado de empadronamiento o cualquier otro medio de prueba válido en Derecho que demuestre la convivencia de manera inequívoca**».

Esta última es la postura mayoritaria en la actualidad, así, cabe citar la reciente **sentencia del Tribunal Supremo n.º 37/2023, de 17 de enero, ECLI:ES:TS:2023:117**, y, en el mismo sentido, la **sentencia del TSJ de Madrid n.º 150/2023, de 2 de marzo, ECLI:ES:TSJM:2023:2306**, que después de analizar la postura del Tribunal Supremo concluye que:

> «Y es precisamente este compromiso de convivencia entre los miembros de una pareja, el que toma en consideración la Sala Tercera, de manera que la inscripción en el registro implica un compromiso de futuro, mientras que en el caso que examina, el compromiso se ha materializado

a lo largo de toda una vida en común, y así señala el Alto Tribunal que «Su convivencia estable por más de 30 años, que la Sección Séptima de la Audiencia Nacional consideró probada en juicio, es bastante para el reconocimiento a la Sra. Concepción de la pensión de viudedad», lo mismo que acontece en el supuesto de esta litis en que la convivencia ha durado 30 años a los efectos del ingreso mínimo vital, en relación a los preceptos que se denuncian como infringidos.

Se trata, tal y como se ha declarado en la sentencia de instancia de una pareja que convive más de treinta años, con tres hijos en común, y que por diversos medios probatorios se puede constatar, como el certificado de empadronamiento de la vivienda, contrato de arrendamiento de vivienda de protección oficial de 1992 y otros, la prueba de que son una pareja de hecho».

En sentido completamente opuesto, se pronuncia el **Tribunal de Justicia de Castilla-La Mancha en su sentencia n.º 132/2024, de 26 de enero, ECLI:ES:TSJCLM:2024:134,** en la que **ha rechazado otorgar la pensión de viudedad a una mujer que convivió durante diez años con su pareja fallecida sin figurar inscritos en el registro de parejas de hecho.** La decisión revoca la sentencia del Juzgado de lo Social n.º 4 de Toledo, que sí había reconocido el derecho a la pensión basándose en la **sentencia del Tribunal Supremo, n.º 480/2021, de 7 de abril, ECLI:ES:TS:2021:1283, que admitía otros medios de prueba para demostrar la existencia de unión de hecho, entre ellos, el certificado de empadronamiento.**

El **INSS y la TGSS presentaron recurso de suplicación ante el TSJ instando la anulación de la decisión del juzgado, basándose en la falta de inscripción formal de la pareja, requisito indispensable para acceder a la pensión de viudedad de acuerdo con el párrafo segundo del artículo 221.2 de la Ley General de la Seguridad Social.**

La mujer, a pesar de haber compartido una vivienda y una cuenta bancaria con el fallecido, no cumplía con el requisito legal mencionado, por lo que el TSJ ha estimado el recurso de suplicación interpuesto por el INSS y la TGSS, denegando a la recurrida el derecho a percibir la pensión.

En el mismo sentido, la Sala de lo Social del Tribunal Supremo en su **sentencia n.º 620/2024, de 29 de abril, ECLI:ES:TS:2024:2453,** reitera:

> «Por lo tanto, la doctrina de esta Sala ha sido constante en el sentido de que **el legislador exige dos requisitos diferentes, que han de concurrir de forma simultánea, y que se concretan en la existencia de la pareja de hecho (requisito formal) y en la convivencia estable o notoria. (requisito material);** además la reglas de acreditación de uno y otro son diferentes y ello porque mientras la convivencia análoga a la conyugal se puede acreditar por múltiples medios de prueba, el requisito relativo a la existencia de la pareja de hecho (el formal), solo se puede acreditar mediante inscripción como tal pareja o bien mediante documento público en el que conste la constitución de la pareja, lo que refleja la voluntad de la ley de limitar la atribución de la pensión en litigio a las parejas de hecho regularizadas».

c) Análisis sobre cuál es la normativa aplicable para la acreditación de la pareja de hecho cuando el hecho causante hubiese ocurrido en un régimen transitorio a raíz de la sentencia del Tribunal Supremo n.º 520/2024, de 2 de abril, ECLI:ES:TS:2024:1927

Es interesante la **sentencia del Tribunal Supremo n.º 520/2024, de 2 de abril, ECLI:ES:TS:2024:1927,** en la que se analiza un caso en el que la demandante convivió maritalmente hasta la defunción del causante en el año 2013. Con posterioridad al fallecimiento nació una hija común de la pareja. En aquel momento el derecho de Cataluña no exigía que la pareja de hecho se inscribiera, sino que reconocía como pareja de hecho a la unión estable de dos personas que conviven en una comunidad de vida análoga a la matrimonial siempre que la situación haya durado más de dos años, si tienen un hijo en común o si formalizan la relación en escritura pública. Por tanto, la mutua reconoció la pensión de orfandad a la hija pero no la de viudedad por no haberse constituido como pareja de hecho.

La actora acudió al TEDH para lo cual invocó la violación del artículo 1 del Protocolo n.º 1 del Convenio Europeo de Derechos Humanos (derecho a la protección de la propiedad), tomando en consideración con el artículo 6.1 del Convenio (derecho a un proceso equitativo), por considerar que el «efecto pro futuro» de la sentencia del TC solo debía desplegarse una vez transcurrido el plazo de dos años desde que hubiese dictado, al no tomar en consideración que al solicitar la pensión no existía el requisito del preceptivo registro previo de la pareja, puesto que la **STC 40/2014, de 11 de marzo, ECLI:ES:TC:2014:40,** en la que se declaraba inconstitucional que en cada comunidad autónoma se pudiese acreditar la existencia de pareja de hecho por distintos métodos —párrafo quinto del art. 174.3 de la LGSS de 1994—, tampoco se había dictado.

En la analizada sentencia del TS se cita la dictada por **el TEDH que declara por unanimidad la vulneración invocada, entendiendo que se debe tener en cuenta la legislación vigente en el momento específico en que la demandante interesó su pensión de viudedad:**

> «La violación del artículo 1 del Protocolo nº 1 del Convenio es la conclusión a que se accede. El parágrafo 112 explica que la demandante no debería haber sido obligada a «hacer lo imposible» para tener derecho a la pensión o, en su defecto, verse totalmente impedida de obtenerla. Si bien los Estados contratantes disfrutan de un amplio margen de apreciación en la elección de las medidas que rigen las pensiones y en la corrección de la desigualdad de trato anterior en tales asuntos, es importante señalar que ninguna urgencia particular que justifique la negativa a contemplar un régimen transitorio, teniendo debidamente en cuenta los derechos legítimos existentes expectativas, parece haber existido en las circunstancias particulares del presente caso. Por lo tanto, el objetivo legítimo de las medidas impugnadas no puede justificar la ausencia de disposiciones transitorias correspondientes a la situación particular; tal ausencia tuvo como consecuencia privar a la demandante de su legítima expectativa de recibir prestaciones de supervivencia. Tal injerencia fundamental en los derechos de la demandante es desproporcionada e incompatible con la preservación

de un justo equilibrio entre los intereses en juego (véase, mutatis mutandis, Pressos Compania Naviera SA y otros c. Bélgica, 20 de noviembre de 1995, § 43, Serie A, n.º 332)».

Tras **la sentencia del TEDH en la que se declara la violación del Convenio para la protección de los Derechos Humanos y las Libertades Fundamentales, se interpone demanda de revisión que es estimada por el Tribunal Supremo,** en esta sentencia, al concluir que concurren en el caso todos y cada uno de los requisitos establecidos al efecto por el artículo 510.2 de la LEC.

A TENER EN CUENTA. El art. 510 de la LEC establece: «Asimismo se podrá interponer recurso de revisión contra una resolución judicial firme cuando el Tribunal Europeo de Derechos Humanos haya declarado que dicha resolución ha sido dictada en violación de alguno de los derechos reconocidos en el Convenio Europeo para la Protección de los Derechos Humanos y Libertades Fundamentales y sus Protocolos, siempre que la violación, por su naturaleza y gravedad, entrañe efectos que persistan y no puedan cesar de ningún otro modo que no sea mediante esta revisión, sin que la misma pueda perjudicar los derechos adquiridos de buena fe por terceras personas».

Señala el Alto Tribunal que, estimada la revisión, le corresponde al TSJ de Cataluña la continuación del procedimiento teniendo presente en todo caso la doctrina fijada por el TEDH. Por tanto, señala: «En aplicación del artículo 516 de la LEC vamos a rescindir la dos resoluciones mencionadas (nuestro Auto, la sentencia de suplicación) y, seguidamente, a expedir certificación del fallo, devolviéndose los autos a la Sala de lo Social del TSJ de Cataluña para que las partes usen de su derecho, según les convenga, en el juicio correspondiente».

¿Qué sucede en el caso de extinción de la pareja de hecho?

Si se hubiese extinguido una pareja de hecho por voluntad de uno o de ambos convivientes, el fallecimiento posterior de uno de ellos dará derecho a la pensión de viudedad con carácter vitalicio al superviviente en caso de que este no haya constituido nueva pareja de hecho ni contraído nuevo matrimonio.

Se exige, asimismo, que la persona supérstite sea acreedora de una pensión compensatoria que se extinga por el fallecimiento del causante. No será necesario este requisito en el caso de que se trate de mujeres que puedan acreditar su condición de víctimas de violencia de género al tiempo de la extinción de la pareja de hecho.

En apoyo de esta exclusión normativa de las víctimas de violencia de género cabe citar la **sentencia del TSJ de Galicia n.º 779/2023, de 9 de febrero, ECLI:ES:TSJGAL:2023:491,** de la que se infiere que a los efectos de reconocer una pensión de viudedad en relación con parejas de hecho, siendo la supérstite víctima de violencia de género, se le exime de acreditar determinados requisitos pues ello iría en contra de su condición de víctima y de la perspectiva de género, así señala:

«(...) en aplicación **del criterio de interpretación de la perspectiva de género,** que no se puede exigir el requisito de constitución formal de la pareja de hecho con una antelación mínima de dos años respecto del fallecimiento del causante por no poder cumplirse ya que ni obedecería a la realidad y sería contrario a la lógica mantener que existe jurídicamente la pareja cuando de hecho también jurídicamente se ha determinado que no debe existir por razón de protección de la beneficiaria.

(...)

A la vista de estos datos es evidente que concurren la convivencia estable y notoria, con análoga relación de afectividad a la conyugal, entre personas no tenían vínculo matrimonial con otra persona (D. Romulo divorciado desde 2002 y Dña. Dolores soltera) y con una duración superior a los 5 años, relación que termina el 16 de enero de 2013 motivada por el episodio de violencia de género, lo que impide por ser de imposible cumplimiento, que la convivencia sea inmediata al fallecimiento (recordemos que el hecho causante es anterior a la entrada en vigor de la reforma operada por Ley 21/2021). También es cierto que no existe la inscripción con una antelación mínima de dos años respecto a la fecha del fallecimiento de causante, pero este requisito también es de imposible cumplimiento puesto que no solo cesa la convivencia efectiva por motivo de malos tratos, sino porque D. Romulo dada su grave situación cognitiva es ingresado —con internamiento judicial— en un centro psiquiátrico y poco después es incapacitado judicialmente por no lo que no estaría en condiciones de consentir tal formalización».

En el mismo sentido, el **Tribunal Supremo en su sentencia n.º 272/2023, de 13 de abril, ECLI:ES:TS:2023:1708,** unifica la doctrina en cuanto a la **interpretación de la perspectiva de género:**

«La **interpretación con perspectiva de género** conduce a interpretar el artículo 221 LGSS de 2015 (anterior artículo 174.3 LGSS de 1994) en el sentido de que, si **cumple todos los demás requisitos, la mujer que, por razón de violencia de género, no estaba ya unida ni convivía con el causante en el momento de su fallecimiento, tiene derecho a la pensión de viudedad de parejas de hecho».**

CUESTIONES

1. ¿Cómo habrá de estar determinada la pensión compensatoria?

La pensión compensatoria habrá de estar determinada judicialmente o mediante convenio o pacto regulador entre los miembros de la pareja otorgado en documento público, siempre que para fijar su importe se tenga en cuenta la concurrencia en el perceptor de las circunstancias previstas en el artículo 97 del CC respecto del cónyuge en caso de separación o divorcio.

2. ¿Cómo se acredita la condición de víctima de violencia de género?

Se acreditará mediante sentencia firme o archivo de la causa por extinción de la responsabilidad penal por fallecimiento. A falta de sentencia, a través de la orden de protección dictada a su favor o informe del Ministerio Fiscal que indique la existencia de indicios de ser víctima de violencia de género, así como por cualquier otro medio de prueba admitido en derecho.

¿En qué casos puede recibir la pensión de viudedad una pareja de hecho?

Para terminar, cabe hacer referencia al supuesto excepcional de la D.A. 40.ª de la LGSS que permite reconocer el derecho a la pensión de viudedad, con efectos de 1 de enero de 2022, en el caso de que habiendo fallecido uno de los miembros de la pareja de hecho antes de la referida fecha concurran las siguientes circunstancias:

- A la muerte del causante, reuniendo este los requisitos de alta y cotización del artículo 219 de la LGSS, no se hubiera podido causar derecho a pensión de viudedad.

- El beneficiario pueda acreditar en el momento de fallecimiento del causante la existencia de pareja de hecho, en los términos ya señalados.

- El beneficiario no tenga reconocido derecho a pensión contributiva de la Seguridad Social.

Pues bien, cumplidos los requisitos, la pensión que se reconozca en estos casos producirá efectos económicos desde el día primero del mes siguiente a la solicitud.

A TENER EN CUENTA. En los casos previstos en la D.A. 40.ª de la LGSS, para acceder a la pensión de viudedad deberá presentarse la solicitud en un plazo improrrogable de 12 meses desde la entrada en vigor de aquella, de forma tal que este plazo ya ha vencido y, por lo tanto, ha precluido la posibilidad de solicitar la pensión de viudedad en estos términos.

ANEXO I.
CASOS PRÁCTICOS

Caso práctico | Ruptura pareja de hecho y regularización de deducciones por inversión en vivienda habitual en IRPF

PLANTEAMIENTO

«A» adquirió junto con su pareja, «B», una vivienda que pasó a constituir su residencia habitual. Dentro del plazo de los tres años siguientes al inicio de su convivencia en dicha vivienda, la pareja de hecho se separa y «A» transmite a su pareja el 50 por ciento de la propiedad de la vivienda.

¿Es necesario proceder a regularizar las deducciones por inversión en vivienda habitual practicadas como consecuencia de la transmisión de su parte de la vivienda dentro del plazo de tres años contados desde el inicio de la convivencia?

RESPUESTA

> **A TENER EN CUENTA.** Se suprime por la Ley 16/2012, de 27 de diciembre, por la que se adoptan diversas medidas tributarias dirigidas a la consolidación de las finanzas públicas y al impulso de la actividad económica la deducción por inversión en vivienda habitual a partir de 01/01/2013. Se establece un régimen transitorio por el que podrán continuar practicando la deducción por inversión en vivienda en ejercicios futuros todos aquellos contribuyentes que hubieran adquirido con anterioridad a 01/01/2013 su vivienda habitual o satisfecho cantidades antes de dicha fecha para la construcción, ampliación, rehabilitación o realización de obras por razones de discapacidad en su vivienda habitual, siempre que dichas obras hayan finalizado antes del 01/01/2017.

La consideración de una vivienda como residencia habitual del contribuyente requiere de una serie de requisitos. Así, el principal es que ha de pasar en ella, al menos, tres años. Esto se recoge en la disposición adicional vigésima tercera de la LIRPF:

> «A los efectos previstos en los artículos 7.t), 33.4.b), y 38 de esta Ley se considerará vivienda habitual aquella en la que el contribuyente resida durante un plazo continuado de tres años. No obstante, se entenderá que la vivienda tuvo aquel carácter cuando, a pesar de no haber transcurrido dicho plazo, concurran circunstancias que necesariamente exijan el cambio de vivienda, tales como celebración de matrimonio, separación matrimonial, traslado laboral, obtención de primer empleo o de empleo más ventajoso u otras análogas.
>
> Cuando la vivienda hubiera sido habitada de manera efectiva y permanente por el contribuyente en el plazo de doce meses, contados a partir de la fecha de adquisición o terminación de las obras, el plazo de tres años previsto en el párrafo anterior se computará desde esta última fecha».

El consultante plantea que **no existía régimen matrimonial alguno en el momento de la adquisición de la vivienda**, sin embargo, **estaban constituidos como pareja de hecho**. En España la regulación de las parejas de hecho carece de una ley de ámbito nacional que regule la figura jurídica si bien es cierto que las legislaciones autonómicas tienden a comparar a las parejas de hecho con el régimen matrimonial, incluso haciendo constar en su registro como tal el régimen a seguir.

Pese a lo anterior, el criterio que viene siguiendo la Dirección General de Tributos hasta el momento es la no equiparación. Así se desprende, entre otras, de la consulta vinculante (V3011-20), de 6 de octubre de 2020, al indicar que:

«Por tanto, para que un contribuyente continúe teniendo derecho a practicar la deducción una vez la vivienda habitual adquirida por él deja de constituir su residencia habitual, es **requisito necesario el haber tenido un vínculo familiar concreto con los que mantienen su residencia en la misma y que dicho hecho haya sido motivado por cualquiera de los tres supuestos tasados** (nulidad matrimonial, divorcio o separación judicial).

En el presente caso, el consultante y su pareja han **acordado la separación provisional sin haber contraído matrimonio**. En el mismo, **no concurre ninguna de tales circunstancias**, por lo que el consultante no tiene derecho a seguir practicando la deducción por inversión en vivienda habitual».

Por lo tanto, **sí procederá la regularización de las deducciones practicadas** por los años en que el consultante residió en dicha vivienda y con la forma que se recoge en el artículo 59 del RIRPF:

«1. **Cuando, en períodos impositivos posteriores al de su aplicación se pierda el derecho**, en todo o en parte, **a las deducciones practicadas**, el contribuyente **estará obligado a sumar a la cuota líquida estatal** y a la cuota líquida autonómica o complementaria devengadas en el **ejercicio en que se hayan incumplido los requisitos, las cantidades indebidamente deducidas**, más los **intereses de demora** a que se refiere el artículo 26.6 de la Ley 58/2003, de 17 de diciembre, General Tributaria.

2. Esta adición se aplicará de la siguiente forma:

a) Cuando se trate de la **deducción por inversión en vivienda habitual** aplicable a la cuota íntegra estatal o la deducción por inversión en empresas de nueva o reciente creación, **se añadirá a la cuota líquida estatal la totalidad de las deducciones indebidamente practicadas**».

A TENER EN CUENTA. Pese a lo anteriormente expuesto, cada vez son más los tribunales que hacen extensible la deducción por inversión en vivienda habitual a los supuestos de inexistencia de vínculo matrimonial, pero con hijos en común, como el TSJ del Principado de Asturias, en su reciente sentencia n.º 120/2025, de 14 de febrero de 2025, que extiende la deducción al supuesto separación de la pareja de hecho en la que uno de sus miembros y los hijos continúan residiendo en la vivienda.

Caso práctico | ¿Es necesaria la constitución formal de una pareja de hecho para el acceso a una pensión de viudedad?

PLANTEAMIENTO

Aunque una viuda pueda acreditar haber vivido con el causante durante un período prolongado como pareja, ¿es necesaria la constitución formal de una pareja de hecho para el acceso a una pensión de viudedad?

RESPUESTA

A pesar de la existencia de fallos judiciales donde este requisito no se considera absoluto y se permite la obtención de la pensión de viudedad bajo circunstancias que demuestren una convivencia estable, con carácter general, tal como se establece en los arts. 219, 220 y 221 de la LGSS, **la exigencia de constitución formal de una pareja de hecho es un requisito necesario para acceder a la pensión de viudedad**. Esta exigencia implica que la pareja debe estar inscrita en el correspondiente registro de parejas de hecho o debe haber formalizado su relación mediante documento público.

El citado art. 221 de la LGSS concreta:

«1. También tendrán derecho a la pensión de viudedad, con carácter vitalicio, salvo que se produzca alguna de las causas de extinción que legal o reglamentariamente se establezcan, quienes cumpliendo los requisitos establecidos en el artículo 219, se encuentren unidos al causante en el momento de su fallecimiento como pareja de hecho.

2. A efectos de lo establecido en este artículo, se reconocerá como pareja de hecho la constituida, con análoga relación de afectividad a la conyugal, por quienes, no hallándose impedidos para contraer matrimonio, no tengan vínculo matrimonial con otra persona ni constituida pareja de hecho, y acrediten, mediante el correspondiente certificado de empadronamiento, una convivencia estable y notoria con carácter inmediato al fallecimiento del causante y con una duración ininterrumpida no inferior a cinco años, salvo que existan hijos en común, en cuyo caso solo deberán acreditar la constitución de la pareja de hecho de conformidad con lo previsto en el párrafo siguiente.

La existencia de pareja de hecho se acreditará mediante certificación de la inscripción en alguno de los registros específicos existentes en las comunidades autónomas o ayuntamientos del lugar de residencia o mediante documento público en el que conste la constitución de dicha pareja. Tanto la mencionada inscripción como la formalización del correspondiente documento público deberán haberse producido con una antelación mínima de dos años con respecto a la fecha del fallecimiento del causante».

Un ejemplo lo vemos en la reciente Sentencia del Tribunal Superior de Justicia de Madrid, rec. 62/2024, de 13 de septiembre de 2024, ECLI:ES:TSJM:2024:10528, donde se confirma que para que el miembro supérstite de una pareja de hecho pueda obtener la pensión de viudedad, es imprescindible cumplir con dos requisitos simultáneos: la convivencia estable e ininterrumpida durante un periodo de cinco años y la formalización de la pareja de hecho mediante inscripción en un registro específico o mediante documento público, con una antelación mínima de dos años al fallecimiento del causante.

La jurisprudencia del Tribunal Supremo también ha reiterado esta exigencia, señalando que la existencia de pareja de hecho debe acreditarse mediante la inscripción en un registro específico de parejas de hecho o mediante documento público en el que conste la constitución de la pareja, reflejando la voluntad de la ley de limitar la atribución de la pensión de viudedad a las parejas de hecho regularizada (STS, rec. 3175/2014, de 17 de junio de 2015, ECLI:ES:TS:2015:3468).

Es cierto, en contraposición con la doctrina y jurisprudencia citada, que la STS n.º 480/2021, de 7 de abril de 2021, ECLI:ES:TS:2021:1283 (resolviendo un caso de pensión de viudedad de las Clases Pasivas), concluyó que la existencia de una pareja de hecho puede ser acreditada no solo a través de la inscripción en un registro específico o la formalización de un documento público, sino también mediante otros medios de prueba que demuestren la convivencia estable y notoria. No obstante, este criterio más aperturista puede considerarse rectificado por la STS n.º 372/2022, de 24 de marzo de 2022, ECLI:ES:TS:2022:1290, donde se considera nuevamente que la exigencia de constitución formal de una pareja de hecho es necesaria para el acceso a una pensión de viudedad (artículo 38.4 del Real Decreto Legislativo 670/1987, de 30 de abril)

Caso práctico | Uso de la vivienda familiar y acción de división de la cosa común en la pareja de hecho

PLANTEAMIENTO

Una pareja de hecho con hijos menores de edad decide romper su relación sentimental. Ambos miembros de la pareja son titulares proindiviso de la vivienda familiar. El uso de esta se ha atribuido a los hijos y al progenitor en cuya compañía quedan.

Entonces, en este caso ¿puede el titular que no tiene el uso de la vivienda familiar ejercitar la acción de división de la misma?

RESPUESTA

Sí, es posible ejercer la acción de división de la cosa común, en este caso la vivienda familiar, a pesar de que sobre la misma exista un derecho de uso de los hijos menores que han de ser objeto de especial protección.

Para llegar a la conclusión anterior resulta especialmente interesante la **sentencia del Tribunal Supremo n.º 168/2021, de 24 de marzo, ECLI:ES:TS:2021:1108**, que plantea un caso semejante.

En ella se hace alusión a la doctrina jurisprudencial existente en relación con el uso de la vivienda familiar y lo previsto en el artículo 96.3 del CC para las crisis matrimoniales. Este último señala:

> «Para disponer de todo o parte de la vivienda y bienes indicados cuyo uso haya sido atribuido conforme a los párrafos anteriores, se requerirá el consentimiento de ambos cónyuges o, en su defecto, autorización judicial».

Así pues, el TS ha reconocido la aplicación analógica de las reglas del artículo 96 del CC a las uniones no matrimoniales estableciendo la citada sentencia:

> «Debemos advertir, puesto que en el caso se trata de una unión no matrimonial, que las reglas sobre la atribución del uso de la vivienda del art. 96 CC, que se refiere a los cónyuges, son aplicables también en los casos de hijos menores de parejas no casadas, dada la situación de analogía que existe por lo que se refiere a la protección del menor (sentencias 221/2011, de 1 de abril, y 117/2017, de 22 de febrero)».

Dicho lo anterior, es doctrina consolidada la que determina que la atribución del uso de la vivienda familiar a uno de los condueños no es óbice para el ejercicio por el otro de la acción de división de la misma, entre tanto se entiende que los intereses de los hijos menores y del progenitor a quien se les atribuye el uso de la vivienda son respetados. Esto es así porque, independientemente de la división, subsiste el derecho de uso y el mismo es oponible frente al adquirente de la vivienda.

Sin embargo, a pesar de lo anteriormente expuesto, se admite también la posibilidad de que el derecho de uso se extinga por el ejercicio de la meritada acción de división. Esta posibilidad queda circunscrita a aquellos casos en que en el proceso de guarda y custodia de menores la atribución judicial del uso se haya hecho precisamente hasta el momento en que se ejercite la citada acción.

Caso práctico | Pareja de hecho que se separa con un hijo menor, ¿a quién se le atribuirá el domicilio familiar?

PLANTEAMIENTO

En el caso de una pareja de hecho que se separa con un hijo menor, ¿a quién se le atribuirá el domicilio familiar, aunque sea privativo de uno de ellos?

RESPUESTA

Hay que partir aquí del artículo 96, apartado 1, del CC que en relación con la vivienda familiar en casos de crisis matrimoniales señala que *«(...) corresponderá a los hijos comunes menores de edad y al cónyuge en cuya compañía queden (...)»*. En este mismo sentido hay que tener en cuenta la reiterada doctrina jurisprudencial por la que *«la atribución del uso de la vivienda familiar a los hijos menores de edad es una manifestación del principio del interés del menor, que no puede ser limitada por el Juez, salvo lo establecido en el art 96 cc»* (**STS n.º 117/2017, de 22 de febrero, ECLI:ES:TS:2017:582**, entre otras).

Pues bien, en el caso de las parejas de hecho se aplica analógicamente en este punto lo previsto para las relaciones matrimoniales y así lo ha venido recogiendo la jurisprudencia, a título de ejemplo, la citada **STS n.º 117/2017, de 22 de febrero, ECLI:ES:TS:2017:582**, señala:

> «(...) esta Sala se ve en la obligación de puntualizar algunas cuestiones que se han planteado por el recurrido en relación con el recurso de casación, y que determinarán la respuesta al único motivo formulado, en relación a la pertinencia de establecer una medida como la de la atribución del uso de la vivienda familiar en una relación de hecho de los progenitores; problema que ha sido resuelto en la sentencia de esta sala de 1 de abril de 2011, teniendo en cuenta el interés de los menores. Es cierto, señala, «que en la regulación de la convivencia del hijo con sus padres cuando estén separados no existe una atribución del uso de la vivienda (art. 159 CC), pero las reglas de los arts. 156.5 y 159 CC no contradicen, sino que confirman lo que se establece en el art. 92CC, por lo que la relación de analogía entre ambas situaciones (se refiere al artículo 96CC) existe, de acuerdo con lo establecido en el art. 4 CC».
>
> En realidad, añade, "el criterio de semejanza no se produce en relación a la situación de los padres, sino que de lo que se trata es de la protección del interés del menor, protección que es la misma con independencia de que sus padres estén o no casados, en aplicación de lo que disponen los arts. 14 y 39 CE"».

Por lo tanto, cabe concluir que, en caso de ruptura de una pareja de hecho, existiendo hijos menores, el uso de la vivienda familiar, independientemente de quien sea su titular se adjudicará a los hijos menores y, en consonancia, al progenitor en cuya compañía queden, atendiendo fundamentalmente el principio de interés del menor.

ANEXO II.
FORMULARIOS

Convenio regulador de medidas paternofiliales entre pareja de hecho con hijo menor

En [CIUDAD] a [DÍA] de [MES] de [AÑO]

REUNIDOS

De una parte, don/doña [NOMBRE], mayor de edad, de profesión [PROFESIÓN], vecina de [LUGAR], domiciliada en [NÚMERO], con DNI [NÚMERO].

Y de otra, don/doña [NOMBRE], mayor de edad, de profesión [PROFESIÓN], vecino de [LUGAR], domiciliado en [DOMICILIO], con DNI número [NÚMERO].

Ambas partes intervienen en su propio nombre y derecho y se reconocen plena capacidad legal para otorgar el presente **CONVENIO REGULADOR DE MEDIDAS PATERNO-FILIALES**, para su aprobación judicial y a tal fin,

EXPONEN

I.- Que los otorgantes mantuvieron una relación de pareja entre los años [AÑO] y [AÑO], la cual se inscribió en el Registro de Parejas de Hecho de [CIUDAD], n.º inscripción [NÚMERO].

II.- Fruto de la relación, tienen un/a hijo/a, [NOMBRE], de [NÚMERO] años de edad, nacido el [DÍA] de [MES] de [AÑO] en [CIUDAD] e inscrito en el Registro Civil, Sección [NÚMERO] Libro [NÚMERO] , Folio [NÚMERO].

III.- Que ambos progenitores han alcanzado un acuerdo en cuanto a la regulación de las medidas paterno-filiales, y de conformidad con lo previsto en el Art. 4.1 del Código Civil y 90 del Código Civil, suscriben el presente **CONVENIO REGULADOR**, conforme a las siguientes,

CLÁUSULAS

PRIMERA.- PATRIA POTESTAD Y GUARDA Y CUSTODIA DEL HIJO/A COMÚN DE LA PAREJA

Como previamente se ha expuesto, ambos son progenitores de un hijo/a, [NOMBRE], el cual queda por expreso deseo de las partes bajo la guarda y custodia de su progenitor/a [ESPECIFICAR].

Ambos progenitores compartirán las facultades inherentes a la patria potestad y se comprometen expresamente a consultarse con anterioridad sobre cualquier cuestión que afecte a la menor y que suponga un cambio en su vida, así como en materia de salud y educación tomando, todas las decisiones que le afecten, de mutuo acuerdo.

SEGUNDA.- RÉGIMEN DE COMUNICACIÓN Y ESTANCIA

Respecto al régimen de visitas, es deseo de ambos progenitores flexibilizar al máximo el mismo, de modo que la separación incida lo menos posible en las relaciones del/la menor con sus progenitor/a [ESPECIFICAR].

Para el supuesto de desacuerdo entre los progenitores se establece el siguiente:

a).- El progenitor [ESPECIFICAR] tendrá como régimen de visitas todos los fines de semana alternos recogiendo al/a niño/a a las [HORA] de la tarde del viernes en el domicilio familiar y reintegrándolos al mismo a las [HORA] del domingo.

b).- El progenitor no custodio podrá permanecer con su hijo/a, dos días a la semana según fijen de común acuerdo entre los progenitores, y para el caso de discrepancia se establecen los martes y jueves de cada semana, recogiéndoles a las [HORA] en el domicilio familiar, o en su caso, después del horario de salida de sus actividades extraescolares, y reintegrándoles a las [HORA] al domicilio familiar.

c).- Las vacaciones de Navidad se disfrutarán conforme las vacaciones escolares y serán divididas por mitades, correspondiendo un periodo a cada uno de los progenitores que será distribuido según el común acuerdo de ambos progenitores, alternando cada año las festividades con el fin de poder disfrutar alternativamente ambos progenitores las mismas. Para el supuesto de desacuerdo corresponderá la elección los años impares al padre y los años pares a la madre. Los periodos vacacionales de Navidad que se establecen son:

- Del 24 de diciembre al 31 de diciembre.
- Del 31 de diciembre al 6 de enero.

El progenitor no custodio en el periodo que le corresponda recogerá al/a hijo/a en el domicilio familiar a las [HORA], dejándolo/a el día de entrega a las [HORA] en el mismo domicilio familiar.

El día de Reyes el/la hijo/a pasarán ese día con el progenitor con el que se encuentren hasta las [HORA] horas, acudiendo a recogerle a esa hora el otro progenitor en el domicilio del progenitor con que esté, y reintegrándolo/a a éste a las [HORA] del mismo día.

d).- Las vacaciones de Semana Santa, en el supuesto de no llegar a acuerdo entre los progenitores, se atribuye alternativamente el periodo vacacional completo a cada uno de los progenitores, correspondiendo los años pares a la madre y los años impares al padre.

e).- Respecto a las vacaciones escolares de verano, corresponderá la mitad a cada uno de los progenitores según el acuerdo al que lleguen respecto de los periodos a disfrutar. A estos efectos, se considerará que las vacaciones escolares de verano serán los periodos en que, entre el comienzo de las vacaciones de verano en junio y la vuelta al colegio en septiembre, el/la hijo/a quede libre de las estancias en campamentos, viajes de estudios al extranjero o actividades similares. Para el supuesto de desavenencia corresponderá la primera mitad a la madre los años pares y los años impares al padre.

Con respecto a las vacaciones de los padres, si éstas coincidieran en el mismo periodo, éste se dividirá por mitades, correspondiendo la primera mitad los años pares a la madre y los años impares al padre, todo ello, sin perjuicio de disfrutar cada uno de los progenitores el resto de las vacaciones escolares conforme se ha señalado en el párrafo anterior.

Dada la temprana edad del/la hijo/a, se solicita al Juzgado se acuerde respecto de las vacaciones de verano que cada [PLAZO_DIAS] días el progenitor que no esté compartiendo su tiempo con el/al hijo/a, pueda disfrutar el fin de semana desde el viernes a las [HORA] hasta el domingo a las [HORA], trasladándose el progenitor que no se encuentre con él/ella, al lugar donde ellos permanezcan con el otro progenitor. La recogida se realizará en el lugar y domicilio que designe el progenitor que tenga al/a menor consigo y la entrega en el mismo lugar de recogida u otro que las partes de común acuerdo designen.

Este sistema se mantendrá hasta la edad de [NUMERO] años del/a hijo/a, siendo a partir de haber cumplido los [PLAZO_ANIOS] años cuando disfrutarán el periodo vacacional completo sin interrupciones de visitas con cada progenitor.

La solicitud de esta particularidad viene motivada por el hecho de que el periodo de vacaciones estivales es extenso y el/hijo/a echaría de menos al otro progenitor en periodos tan largos. Por ello, las visitas cada quince días de cada uno de los proge-nitores les ayudarían a no percibir la ausencia de éstos y serles más gratificante la estancia con cada uno de ellos.

f).- Durante los periodos vacacionales establecidos en los apartados c), d) y e) de este expositivo se interrumpirán las estancias y visitas de fines de semana señaladas en el apartado a) y b), salvo lo expresamente dispuesto como excepción en el apar-tado e).

g).- Respecto de los días de cumpleaños del/a menor, ambos progenitores acuer-dan que disfrutarán conjuntamente con el/la hijo/a dichas celebraciones. Para el caso de que alguno de ellos no deseara la celebración conjunta, y la festividad coincidiera con fin de semana o día festivo, acuerdan que los menores estarán con el progenitor que en esas fechas le corresponda el régimen de visitas hasta las [HORA], y con el otro, desde dicha hora y hasta las [HORA]. Si la festividad coincidiera en día entre semana, ambos progenitores acuerdan que le corresponderá estar con los hijos a cada progenitor de forma alternativa, pudiendo el otro progenitor pasar a visitar al/a hijo/a que cumpla años, durante dos horas, recogiéndoles en el domicilio familiar y reintegrándolo en el mismo. Si no llegaran los progenitores al acuerdo respecto del horario se establece de [HORA]

h).- En cuanto a los cumpleaños de los progenitores y fiestas del día de la madre y día del padre, y cualquier otro que los progenitores de común acuerdo consideren, ambos progenitores acuerdan que el/a hijo/a pasen el día con el progenitor al que co-rresponda la celebración. Si coincidieran las mismas con el periodo de visitas que le correspondiere al otro progenitor, ambos acuerdan ceder ese día a favor del otro para que los hijos puedan disfrutar dicha festividad con el progenitor correspondiente.

i).- El progenitor custodio facilitará la comunicación diaria del/la menor, con el/la padre/madre, bien sea telefónica o por cualquier otro medio electrónico o audiovisual, respetando siempre las horas de descanso de los menores, estableciendo como hora límite las [HORA]

Asimismo, ambos progenitores facilitarán la comunicación del/la hijo/a con el otro progenitor en los periodos vacacionales referidos, pudiendo comunicar con éstos dia-riamente de forma telefónica, epistolar, electrónica o audiovisual.

j).- Ambos progenitores se comprometen a comunicar al otro durante los periodos vacacionales el lugar donde se encuentren con el/a hijo/a, dirección y teléfono.

k).- En el caso que el hijo/a se encontrara enfermo o accidentado sin poder salir del domicilio familiar, el progenitor que no tenga en ese momento los hijos viviendo con él, podrá visitarle conforme el acuerdo que establezcan ambos progenitores. Para el supuesto de desacuerdo aquél podrá visitar al hijo en el domicilio donde se encuentre días alternos de [HORA] a [HORA] horas.

l).- Si alguno de los progenitores deseare cambiar de residencia o tuviera que ha-cerlo por motivos profesionales, ambos progenitores convienen que habrá de noti-ficárselo al otro de forma fehaciente, comprometiéndose a revisar y proceder a la modificación del régimen de visitas.

m).- Ambos progenitores convienen en que no podrán trasladarse fuera del territo-rio nacional en compañía del/a hijo/a comunes habidos en la pareja sin consentimien-to expreso del otro progenitor, o en su defecto, de autorización judicial.

En caso de enfermedad del/la menor, aquel de los padres en cuya compañía se encuentren, se lo comunicará inmediatamente al otro.

Deberá ser el progenitor [ESPECIFICAR] quien acuda a recoger a su hijo/a al domi-cilio donde reside y quien deberá a su vez reintegrarla al mismo.

TERCERA.- VIVIENDA Y AJUAR FAMILIAR.

El domicilio familiar, que lo tenían los progenitores en régimen de alquiler, no se atribuye a ninguno de ellos por haber renunciado ambos a su uso y el ajuar familiar ya ha sido repartido por ambos convivientes.

CUARTA. ALIMENTOS Y BASES DE ACTUALIZACION.

Se fija en [CANTIDAD EN LETRA] euros ([CANTIDAD] €) la contribución del progenitor no custodio a los alimentos del/a hijo/a.

Ello en virtud tanto de las necesidades actuales del/la menor, cifradas entre alimentos, vestido y colegio en [CANTIDAD EN LETRA] euros ([CANTIDAD] €), como en los ingresos mensuales de ambos progenitores, pues ascienden los mismos a [ESPECIFICAR INGRESOS].

Dicha suma será ingresada mensualmente, por meses anticipados, dentro de los [PLAZO DIAS] primeros días de cada mes, en la cuenta corriente [NUMERO CUENTA CLIENTE] de la entidad bancaria [NOMBRE] , de la que es titular **DON/DOÑA** [NOMBRE CLIENTE]

La suma previa será incrementada anualmente en la proporción que experimenten las variaciones del [INDICE PARA ACTUALIZACIÓN]que publica en Instituto Nacional de Estadística o cualquier otro organismo público que en el futuro pudiera sustituirle.

Los gastos extraordinarios, que serán aquellos de naturaleza no previsible, así como los gastos médicos y farmacéuticos de carácter extraordinario, serán sufragados por ambas partes por mitad.

La obligación de contribuir a los alimentos del/a hijo/a se prolongará hasta que éste se encuentre en situación de proveer a sus propias necesidades

En prueba de conformidad, lo pactan y convienen las partes, después de leído este documento, en que se afirman y ratifican, queriendo dar a sus estipulaciones toda la fuerza de obligar que en derecho sea necesaria, firmándolo en la fecha y lugar de su encabezamiento por triplicado ejemplar, quedándose un original cada una de las partes y aportándose el tercero para solicitar la cancelación de inscripción en el Registro de parejas de hecho de [CIUDAD].

FDO: DON/DOÑA   FDO: DON/DOÑA

Solicitud de medidas paternofiliales sobre hijos menores de parejas de hecho con medidas provisionales

A TENER EN CUENTA. Por la reforma realizada por la LO 1/2025, de 2 de enero, una vez implantados de forma efectiva los tribunales de instancia (D.T. 1.ª), todas las referencias realizadas a los juzgados unipersonales se entenderán realizadas a las secciones del orden jurisdiccional correspondiente de los tribunales de instancia. En este caso, el art. 86 de la LOPJ atribuye esta materia a la Sección de Familia, Infancia y Capacidad.

A TENER EN CUENTA. Desde el 03/04/2025 por la reforma realizada por la LO 1/2025, de 2 de enero, se exige para la admisión de las demandas civiles el haber acudido a un medio adecuado de solución de controversias (MASC). Es el artículo 5 de la LO 1/2025, de 2 de enero, el que determina estos casos.

AL JUZGADO DE PRIMERA INSTANCIA DE [LOCALIDAD]/ SECCIÓN DE FAMILIA, INFANCIA Y CAPACIDAD DEL TRIBUNAL DE INSTANCIA DE [ESPECIFICAR] (5)

Don/Doña [NOMBRE_PROCURADOR_CLIENTE], procurador/a de los tribunales, en nombre y representación de Don/Doña [NOMBRE CLIENTE] cuya representación se acredita mediante [PODER APUD ACTA/PODER NOTARIAL], copia del cual acompaño como **documento n.º** [NÚMERO], bajo la dirección letrada de Don/Doña [NOMBRE_ABOGADO_CLIENTE], colegiado/a n.º [NÚMERO] por el ICA [LUGAR], ante el juzgado/la sección comparezco y, como mejor proceda en derecho,

DIGO

Mediante el presente escrito formulo **SOLICITUD DE MEDIDAS SOBRE HIJOS MENORES (GUARDA Y CUSTODIA Y RECLAMACIÓN DE ALIMENTOS)** a los efectos de regular las relaciones paternas filiales entre mi mandante y **Don/Doña** [NOMBRE_PARTE_CONTRARIA] con DNI [NÚMERO] y domicilio en [DOMICILIO], y ello con base en los siguientes,

HECHOS

PRIMERO.- Mi mandante convivió con Don/Doña [NOMBRE] durante [NÚMERO] años como pareja, pero sin contraer matrimonio ni inscribirse en Registro de parejas de hecho alguno.

SEGUNDO.- De dicha relación, nació Don/Doña [NOMBRE], el [FECHA], siendo el nacimiento inscrito en el Registro Civil de [CIUDAD], libro [NÚMERO], tomo [NÚMERO], folio [NÚMERO], quien en la actualidad ostenta la edad de [NÚMERO] años, siendo, obviamente, menor de edad.

Se adjunta como **documento n.º** [NÚMERO], certificación literal de nacimiento del menor, expedida por el Registro Civil de [LOCALIDAD].

TERCERO.- El domicilio conyugal, ha estado situado en [DOMICILIO], que habitaban en virtud de contrato de arrendamiento, abonando una renta mensual de [CANTIDAD_EN_LETRA] euros ([NÚMERO] €).

Se adjunta como **documentos n.º** [NÚMERO a NÚMERO], certificación de empadronamiento; contrato de arrendamiento firmado por ambas partes y recibo de la renta, respectivamente.

CUARTO.- Por motivos personales, la relación entre mi mandante y Don/Doña [NOMBRE] se hizo insostenible, trasladando en [FECHA] Don/Doña [NOMBRE_PARTE-CONTRARIA] su domicilio a [DOMICILIO_PARTE_CONTRARIA].

QUINTO.- Desde el mencionado día [FECHA], mi mandante ha estado haciendo frente en solitario a la manutención del hijo/a común, pago de rentas de vivienda y todo tipo de gastos que, hasta ese día, eran compartidos por ambos.

SEXTO.- Mi representado/a trabaja en [DESCRIPCIÓN], con la categoría de [DESCRIPCIÓN], y percibe un sueldo mensual de [CANTIDAD] euros. También declara que el sueldo de su expareja era de aproximadamente [CANTIDAD] euros.

Se acompaña como **documentos n.º** [NÚMERO a NÚMERO] copia de las últimas nóminas de los meses de [MES] a [MES], de mi mandante.

SÉPTIMO.- El hijo que tienen en común acude al colegio [NOMBRE], lo que ocasiona unos gastos mensuales de [CANTIDAD] euros, cantidad que incluye comedor escolar y transporte al centro.

OCTAVO.- Pese a que, en numerables ocasiones, mi mandante ha contactado con la adversa a los efectos de consensuar tanto la guarda y custodia del menor, períodos a disfrutar con cada progenitor, así como los gastos del mismo, la adversa ha hecho caso omiso a ello, no teniendo entendimiento al respecto y únicamente recibiendo el menor la visita de la contraparte en días alternos, sin que los mismos se efectúen bajo pauta alguna.

A los anteriores hechos les son de aplicación los siguientes,

FUNDAMENTOS DE DERECHO

I.- JURISDICCIÓN Y COMPETENCIA

Conforme lo dispuesto en el **art. 21.1 de la Ley Orgánica del Poder Judicial** (LOPJ) y **art. 36 de la Ley de Enjuiciamiento Civil (LEC)**, los tribunales españoles del orden civil son los competentes para conocer de la acción que se ejercita.

De acuerdo con lo previsto en el **art. 86 de la LOPJ**, el conocimiento de este litigio corresponde a los juzgados de primera instancia/sección de familia, en cuanto dicha norma no los atribuye a otros tribunales.

El **artículo 769.3 de la LEC** dispone que «*En los procesos que versen exclusivamente sobre guarda y custodia de hijos menores o sobre alimentos reclamados por un progenitor contra el otro en nombre de los hijos menores, será competente el Juzgado de Primera Instancia del lugar del último domicilio común de los progenitores*». (5)

II.- CAPACIDAD Y LEGITIMACIÓN

Mi representado/a ostenta la capacidad necesaria para ser parte en el presente proceso, de conformidad con lo dispuesto en los artículos 6 y siguientes de la LEC y está legitimado para la presentación de esta demanda, en aplicación del art. 10 de la meritada norma **(1)**.

III.- POSTULACIÓN Y DEFENSA

Esta parte actúa representada por procurador/a y asistida de abogado/a, de acuerdo con el **artículo 750 de la LEC**.

IV.- INTERVENCIÓN DEL MINISTERIO FISCAL

En virtud del **artículo 749 de la LEC**, deberá intervenir el Ministerio Fiscal debido a la existencia de un menor en el procedimiento **(2)**.

V.- MASC

Según lo establecido en el art. 5 de la LO 1/2025, de 2 de enero, las partes han acudido a [DESCRIPCIÓN PROCESO MASC] en los términos siguientes [ESPECIFICAR] **(6)**.

A estos efectos adjuntamos los siguientes documentos: **(7)**

- Documento n.º [NÚMERO].
- Documento n.º [NÚMERO].

VI.- PROCEDIMIENTO

El procedimiento a seguir será el establecido en el **apartado 6.º del artículo 770 de la LEC**, por el cual:

> «6.ª En los procesos que versen exclusivamente sobre guarda y custodia de hijos menores o sobre alimentos reclamados en nombre de los hijos menores, para la adopción de las medidas cautelares que sean adecuadas a dichos procesos se seguirán los trámites establecidos en esta Ley para la adopción de medidas previas, simultáneas o definitivas en los procesos de nulidad, separación o divorcio» **(3)**.

VII.- FONDO DEL ASUNTO

El **artículo 92.4 del Código Civil** nos introduce ya que *«los padres podrán acordar en el convenio regulador o el Juez podrá decidir, en beneficio de los hijos, que la patria potestad sea ejercida total o parcialmente por uno de los cónyuges»*.

En este sentido, el **artículo 93, párrafo 1, del CC** indica que *«el Juez, en todo caso, determinará la contribución de cada progenitor para satisfacer los alimentos y adoptará las medidas convenientes para asegurar la efectividad y acomodación de las prestaciones a las circunstancias económicas y necesidades de los hijos en cada momento»*.

Además, el **artículo 94, párrafo 1, del mismo texto legal** dispone lo siguiente: *«La autoridad judicial determinará el tiempo, modo y lugar en que el progenitor que no tenga consigo a los hijos menores podrá ejercitar el derecho de visitarlos, comunicar con ellos y tenerlos en su compañía»* **(4)**.

Asimismo, cuando menos de interés se vislumbra la **STS n.º 442/2017, de 13 de julio, ECLI:ES:TS:2017:2840**, en tanto en cuanto indica que:

> «(...) se habrá de dilucidar en cada caso concreto si prima en la decisión que se adopta el interés del menor y este interés, que ni el artículo 92 del Código Civil ni el artículo 9 de la Ley Orgánica 1/1996, de 15 de enero, de Protección Jurídica del Menor , desarrollada en la Ley 8/2015, de 22 de julio de modificación del sistema de protección a la infancia y a la adolescencia, define ni determina, exige sin duda un compromiso mayor y una colaboración de sus progenitores tendente a que este tipo de situaciones se resuelvan en un marco de normalidad familiar que saque de la rutina una relación simplemente protocolaria del padre no custodio con sus hijos que, sin la expresa colaboración del otro, termine por desincentivarla tanto desde la relación del no custodio con sus hijos, como de estos con aquel» [sic] (SSTS 19 de julio 2013, 2 de julio 2014, 9 de septiembre 2015)».

Y en el caso que nos ocupa, el hecho de que el otro progenitor abandonase el hogar familiar (no entrando ya en las posibles consideraciones penales que esta parte no va a interponer en aras del beneficio del menor y de conseguir la mejor relación, ya no solo con este, sino también entre las partes), unido a la falta de interés en contactar con él, nos da la base ya no solo para establecer la guarda y custodia a favor de mi mandante, sino también para decretar el uso y disfrute del inmueble al menor y al progenitor custodio.

En relación a la guarda y custodia, y considerando tanto los ingresos de los progenitores como los gastos habituales del menor, no se ve excesiva la petición de una pensión alimenticia a favor del mismo.

VIII.- *IURA NOVIT CURIA*

En todo lo no invocado, resulta de aplicación el principio *iura novit curia*, plasmado en el párrafo segundo del punto primero del artículo 218 de la Ley de Enjuiciamiento Civil, en virtud del cual serán aplicables las demás normas que sean de pertinente, especial o general aplicación, y que el juzgador podrá tener en cuenta de oficio sin necesidad de que hayan sido previamente alegados o invocados por alguna de las partes intervinientes.

Por todo ello,

SUPLICO AL JUZGADO/A LA SECCIÓN:

Tenga por presentado este escrito, junto con sus documentos y copias, proceda a admitirlo y le de traslado a la parte demandada y al Ministerio Fiscal, y se me tenga como comparecido y parte en la representación que ostento, entendiéndose conmigo la sucesivas actuaciones y tenga por formulada la presente **SOLICITUD DE MEDIDAS SOBRE HIJOS MENORES**, y tras los trámites oportunos, se adopten las siguientes medidas

- **Guarda y custodia del menor**

Dada la situación ante la que se encuentra mi mandante con su expareja, considera que, en beneficio del menor, se le atribuya al demandante, Don/Doña [NOMBRE CLIENTE], la guarda y custodia de Don/Doña [NOMBRE], ya que [DESCRIPCIÓN]

- **Régimen de visitas y comunicación con el menor.**

Se interesa por esta parte que se establezca un régimen de visitas para Don/Doña [NOMBRE PARTE CONTRARIA], para que no pierda relación con el mismo, proponiéndose que [DESCRIPCIÓN]

- **Pensión alimenticia a favor del menor**

El progenitor demandado deberá contribuir a los alimentos de su menor hijo con la cantidad de [CANTIDAD] euros mensuales, cantidad que ingresará en la cuenta que D./D.ª [NOMBRE_CLIENTE] designe, dentro de los cinco primeros días de cada mes. La referida cantidad se actualizará cada doce meses de acuerdo con el Índice de Precios al Consumo que publique el Instituto Nacional de Estadística, sirviendo como base para cada actualización la pensión fijada más las sucesivas actualizaciones que se vayan produciendo. También deberá de contribuir al pago de la mitad de los gastos extraordinarios que pueda generar el menor: farmacéuticos, médicos, vacacionales, etcétera.

- **Uso de la vivienda familiar**

La vivienda familiar hasta fecha [FECHA], en la que constan como arrendatarios ambos progenitores, quedará para el uso de Don/Doña [NOMBRE CLIENTE] y su hijo/a.

Por ser justicia que se pide en [LOCALIDAD] a [FECHA].

Letrado/a D./D.ª [NOMBRE]   Procurador/a D./D.ª [NOMBRE]

OTROSÍ DIGO: de acuerdo con lo previsto en el art. 770.6.º de la Ley de Enjuiciamiento civil **(2)**, se solicita la adopción de las siguientes **MEDIDAS PROVISIONALES** derivadas de la admisión de esta demanda, que se interesan teniendo en cuenta que el progenitor ha cesado la convivencia, ha abandonado el domicilio que venía compartiendo con la progenitora y su hijo, y desde el mes de [MES] del presente año, no ha contribuido en nada a los alimentos Y sostenimiento del menor y del hogar común:

1.º- Se determine que el menor quede bajo la guarda y custodia del progenitor [ESPECIFICAR].

2.º- Se fije como contribución por parte del progenitor a los alimentos del menor la cantidad mensual de [CANTIDAD] euros, atendiendo a los ingresos de ambos progenitores y a las cargas familiares existentes.

3.º- Se determine que don/doña [NOMBRE_CLIENTE] permanecerá en el uso de la vivienda que ha sido el domicilio de la pareja y del menor.

4.º- Se determine el derecho de visitas para el progenitor que el juzgado determine, y hasta tanto se adopten las medidas definitivas solicitadas.

En su virtud,

SUPLICO AL JUZGADO/A LA SECCIÓN:

Que tenga por solicitadas en tiempo y forma las **MEDIDAS PROVISIONALES** que se han consignado, y previos los trámites de ley acuerde su adopción para mientras dure la sustanciación de este procedimiento y, en definitiva, hasta que se dicte sentencia y se adopten las definitivas solicitadas en el suplico de la demanda.

Por ser justicia, fecha y lugar *ut supra*.

Letrado/a D./D.ª [NOMBRE]   Procurador/a D./D.ª [NOMBRE]

---

(1) Respecto a la legitimación y capacidad, el artículo 7 de la LEC ha sufrido modificaciones por la Ley 8/2021, de 2 de junio, por la que se reforma la legislación civil y procesal para el apoyo a las personas con discapacidad en el ejercicio de su capacidad jurídica. Así, tras esta modificación, reconoce la legitimación a todas las personas para comparecer en juicio y, si se tratara de menores de edad no emancipadas deberán comparecer mediante la representación, asistencia o autorización exigidos por la ley. En el caso de las personas con medidas de apoyo para el ejercicio de su capacidad jurídica, se estará al alcance y contenido de estas. Mediante la citada ley también fue añadido el artículo 7 bis a la LEC, regulando los ajustes para personas con discapacidad en materia de capacidad para ser parte, capacidad procesal y legitimación. El RD-ley 6/2023, de 19 de diciembre, modifica el artículo 7 bis de la LEC con entrada en vigor el 20/03/2024.

(2) Con efectos de 3/9/2021, los apartados 1 y 2 del artículo 749 de la LEC son modificados por la Ley 8/2021, de 2 de junio.

(3) El procedimiento regulado en el artículo 770 de la LEC también fue objeto de modificaciones por la Ley 8/2021, de 2 de junio (se modificó su regla 4.ª y se añade la 8.ª). Asimismo, el RD-ley 6/2023, de 19 de diciembre, modificó el artículo 770 de la LEC con entrada en vigor el 20/03/2024.

(4) En lo relativo al articulado del Código Civil que se expresa en este punto, hay que mencionar la reforma operada por la Ley 8/2021, de 2 de junio. El texto reflejado del artículo 94 del CC obedece a tal modificación.

(5) Por la reforma realizada por la LO 1/2025, de 2 de enero, una vez implantados de forma efectiva los tribunales de instancia (D.T. 1.ª), todas las referencias realizadas a los juzgados unipersonales se entenderán realizadas a las secciones del orden jurisdiccional correspondiente de los tribunales de instancia. En este caso, el art. 86 de la LOPJ atribuye esta materia a la Sección de Familia, Infancia y Capacidad.

(6) De acuerdo con el segundo párrafo del art. 399.3 de la LEC se hará constar en la demanda la descripción del proceso de negociación previo llevado a cabo o la imposibilidad del mismo, conforme a lo establecido en el ordinal 4.º del artículo 264, y se manifestarán, en su caso, los documentos que justifiquen que se ha acudido a un medio adecuado de solución de controversias, salvo en los supuestos exceptuados en la Ley de este requisito de procedibilidad.

(7) Documentos que acrediten haberse intentado la actividad negociadora previa a la vía judicial cuando la ley exija dicho intento como requisito de procedibilidad, o declaración responsable de la parte de la imposibilidad de llevar a cabo la actividad negociadora previa a la vía judicial por desconocer el domicilio de la parte demandada o el medio por el que puede ser requerido.

Demanda de medidas paterno-filiales. Guarda y custodia en exclusiva. Pareja de hecho

A TENER EN CUENTA. Por la reforma realizada por la LO 1/2025, de 2 de enero, una vez implantados de forma efectiva los tribunales de instancia (D.T. 1.ª), todas las referencias realizadas a los juzgados unipersonales se entenderán realizadas a las secciones del orden jurisdiccional correspondiente de los tribunales de instancia. En este caso, el art. 86 de la LOPJ atribuye esta materia a la Sección de Familia, Infancia y Capacidad.

A TENER EN CUENTA. Desde el 03/04/2025 por la reforma realizada por la LO 1/2025, de 2 de enero, se exige para la admisión de las demandas civiles el haber acudido a un medio adecuado de solución de controversias (MASC). Es el artículo 5 de la LO 1/2025, de 2 de enero, el que determina estos casos.

AL JUZGADO DE PRIMERA INSTANCIA DE [CIUDAD]/ SECCIÓN DE FAMILIA, INFANCIA Y CAPACIDAD DEL TRIBUNAL DE INSTANCIA DE [ESPECIFICAR] (1)

Don/Doña [NOMBRE_PROCURADOR_CLIENTE], procurador/a de los Tribunales en nombre y representación de **don/doña** [NOMBRE_CLIENTE], representación que acredito mediante poder (notarial/*apud acta*) copia del cual acompaño como **doc. núm.** [NÚMERO], bajo dirección letrada de Don/Doña [NOMBRE ABOGADO CLIENTE], del ICA de [CIUDAD], ante el juzgado/la sección comparezco y, como mejor proceda en derecho,

DIGO

Por medio del presente escrito vengo a formular **DEMANDA DE SOLICITUD DE MEDIDAS PATERNO-FILIALES** contra **don/doña** [NOMBRE_PARTE_CONTRARIA], con domicilio en [DOMICILIO PARTE CONTRARIA] y **NIF** [NUMERO]

La demanda se basa en los siguientes,

HECHOS

PRIMERO.- Mi mandante y la adversa mantuvieron una relación de pareja que duró [NÚMERO] años y de la que nació un/a hijo/a [NOMBRE], en fecha [FECHA].

Se acompaña como **documento n.º** [NÚMERO] el certificado de nacimiento del menor.

SEGUNDA.- Actualmente, y desde el [FECHA], la relación de pareja se ha roto abandonando el domicilio familiar la adversa.

TERCERO.- La situación tanto personal como laboral de las partes es la siguiente [DESCRIBIR], obteniendo don/doña [NOMBRE_PARTE_CONTRARIA] tiene ingresos fijos, pero ha venido pasando una pensión alimenticia a la hija de ambos desde la separación de la pareja hasta la actualidad de [CANTIDAD] de euros mensuales dependiendo del mes, y algún mes ninguna cantidad.

CUARTO.- En las presentes actuaciones, por esta parte, amén de la pensión alimenticia que se interesa a cargo de la adversa, se solicita el ejercicio de la guarda y custodia de la menor en exclusiva a mi mandante, teniendo en consideración tanto la edad de la menor, la atención prestada por mi mandante para con aquella, la disponibilidad de cada progenitor, convivencia, trabajo, etc. [ESPECIFICAR LAS CIRCUNSTANCIAS CONCRETAS]

Ello es lo que nos lleva a solicitar la guarda y custodia de la menor a mi mandante, con un régimen de visitas a favor de la adversa consistente en [ESPECIFICAR RÉGIMEN DE VISITAS], y el establecimiento de una pensión alimenticia a cargo de la demandada a favor de la menor de [CANTIDAD_EN_LETRA] euros ([CANTIDAD_EN_NÚMERO] €).

QUINTO.- Nada se debe pronunciar con respecto al domicilio familiar, toda vez que el mismo es el de la propiedad de mi mandante.

A los anteriores hechos les son de aplicación los siguientes

FUNDAMENTOS DE DERECHO

I.- JURISDICCIÓN Y COMPETENCIA

De tramitación ante la jurisdicción civil, según lo establecido en los arts. 9 y 21 de la Ley Orgánica del Poder Judicial.

Siendo competente el juzgado/a la sección al/a la que me dirijo, de conformidad con lo dispuesto en el artículo 769 de la Ley de Enjuiciamiento Civil. **(1)**

II.- CAPACIDAD Y LEGITIMACIÓN

Las partes ostentan capacidad procesal suficiente de conformidad con lo dispuesto en el art. 6 de la LEC.

La legitimación activa y pasiva para intervenir en el procedimiento corresponde a ambos progenitores, habida cuenta que son los que se hallan en la situación jurídica respectiva del derecho-deber de velar por los hijos menores no emancipados y alimentarlos (artículo 154 del Código Civil).

III.- PROCEDIMIENTO

Conforme a lo establecido en el artículo 748 de la Ley de Enjuiciamiento Civil las pretensiones que versan exclusivamente sobre guarda y custodia de hijos menores y sobre alimentos reclamados por un progenitor contra el otro en nombre de tales hijos, se incluyen en el ámbito de aplicación del título I del libro IV, y se sustancian conforme al modelo de proceso especial del artículo 753 de la Ley de Enjuiciamiento Civil.

IV.- INTERVENCIÓN DEL MINISTERIO FISCAL

Dada la presencia de hijos menores del matrimonio, es preceptiva la intervención del Ministerio Fiscal, según lo establecido en el art. 749, en su apartado 2.º de la LEC.

V.- MASC

Según lo establecido en el art. 5 de la LO 1/2025, de 2 de enero, las partes han acudido a [DESCRIPCIÓN PROCESO MASC] en los términos siguientes [ESPECIFICAR] **(2)**.

A estos efectos adjuntamos los siguientes documentos: **(3)**

• Documento n.º [NÚMERO].

• Documento n.º [NÚMERO].

VI.- FONDO DEL ASUNTO

Las partes del presente procedimiento fueron pareja de la que nació un niño/una niña, debiendo ahora regularse a través de la adopción de las medidas necesarias sus obligaciones y derechos.

- **Guarda y custodia del menor**

El **artículo 159 del Código Civil** previene que si los padres viven separados y no decidieren de común acuerdo, el Juez decidirá, siempre en beneficio de los hijos, al cuidado de qué progenitor quedarán los hijos menores de edad.

Resulta claro que la guarda del hijo no es un derecho subjetivo de los progenitores, y que las medidas relativas al cuidado de los hijos menores de edad deben ser adoptadas siempre en su beneficio, como ha manifestado reiteradamente la jurisprudencia, prevaleciendo siempre el bienestar de los mismos.

En el caso presente el progenitor [ESPECIFICAR] está en una disposición correcta para ocuparse de su hijo/a, ya que [ESPECIFICAR MOTIVOS].

Así, y por ejemplo la **sentencia de la Audiencia Provincial de Asturias n.º 342/2018, de 3 de octubre, ECLI:ES:APO:2018:3187:**

> «La sentencia de instancia aplica correctamente ese criterio al optar por la madre, teniendo en cuenta para ello tanto la edad de la niña como la atención que aquélla ha venido prestándole desde su nacimiento, a falta de convivencia entre ambos progenitores, y la propia disponibilidad de cada uno de ellos en función de sus ocupaciones, y así, en efecto, debe ratificarse en esta resolución, pues si es la madre quien hasta el momento ha venido encargándose de la menor, conviviendo en el mismo domicilio, que el padre, sin embargo, no comparte, y no estando en cuestión que la atención y el cuidado prestados fueran los que en cada momento se requerían, no parece razonable alterar ahora ese estado de cosas y atribuir la guarda y custodia al padre, quien, por razón de sus quehaceres como trabajador autónomo y el tiempo que necesariamente ha de emplear en ello, no goza de la misma capacidad de afrontar la atención personal y continuada que precisa una niña de dos años, a diferencia de la madre, que no desempeña actualmente ningún trabajo y puede dedicarse plenamente al cuidado de su hija».4

- **Alimentos del menor**

Uno de los deberes fundamentales del titular de la patria potestad es la alimentación de los hijos (artículo 154 del Código Civil) deber que se deriva de la relación paterno-filial hasta el punto de que la mantiene aún en los casos de privación de la patria potestad (artículo 110 del Código Civil). Este deber-función se traduce en la obligación de prestar alimentos establecida en los artículos 143, 144 y concordantes del Código Civil.

El/La hijo/ hija [NOMBRE] tiene una edad en la que progresivamente se van ampliando sus necesidades, tanto escolares como de mantenimiento y educación, que son esenciales para la formación de la menor. La cantidad que se solicita resulta ajustada a las necesidades de la menor puesto que los alimentos comprenden todo lo que es indispensable para el sustento, habitación, vestido y asistencia médica, así como también la educación, con arreglo a lo establecido en el artículo 142 del Código Civil, y su cuantía debe ser proporcional al caudal o medios de quien los da, y a las necesidades de quien los recibe.

Por todo ello, interesa al derecho de mi mandante de garantizar los derechos económicos que le asisten al hijo/a la hija menor de ambos progenitores, al haber sido imposible el llegar a un mutuo acuerdo entre ambos progenitores por el bien del hijo/de la hija.

- **Domicilio**

Obvio es que, en los procedimientos de familia, concretamente en los de medidas tras ruptura de la relación, existiendo menores, es para éstos el uso y disfrute del domicilio familiar, y a mi mandante ya no sólo como progenitor custodio, sino también por ser, además de la propietaria del inmueble en cuestión, la parte más necesitada de protección.

VII.- COSTAS.

En aplicación del art. 394 de la Ley de Enjuiciamiento Civil deberán imponerse a la parte demandada si se opusiera de forma temeraria a esta pretensión.

VIII.- *IURA NOVIT CURIA*

En todo lo no invocado resulta de aplicación el principio *iura novit curia*, plasmado en el párrafo segundo del punto primero del artículo 218 de la Ley de Enjuiciamiento Civil, en virtud del cual serán aplicables las demás normas que sean de pertinente, especial o general aplicación, y que el juzgador podrá tener en cuenta de oficio sin necesidad de que hayan sido previamente alegados o invocados por alguna de las partes intervinientes

Por todo ello,

SUPLICO AL JUZGADO/A LA SECCIÓN:

Que, teniendo por presentado este escrito con los documentos que se acompañan y sus copias, se digne admitirlos, tenerme por comparecido y parte en la representación que ostento, y seguido que sea el procedimiento por sus pertinentes trámites, con citación del Ministerio Fiscal, se sirva dictar sentencia por la que, estimando la presente demanda DECRETE:

1) La atribución a mi mandante de la **guarda y custodia del hijo/hija menor** [NOMBRE], manteniéndose el ejercicio de la patria potestad compartida por ambos progenitores.

Estableciéndose el siguiente régimen de visitas a favor del progenitor no custodio de [ESPECIFICAR]

2) Se establezca a cargo de la demandada y a favor del menor, una **pensión alimenticia** de [CANTIDAD_EN_LETRA] euros, ([CANTIDAD_EN_NÚMERO] €), a ingresar en los CINCO PRIMEROS DÍAS de cada mes, en la cuenta [ESPECIFICAR], y actualizables anualmente conforme [INDICAR ÍNDICE DE ACTUALIZACIÓN]

3) Se indique que el **uso y disfrute** del domicilio familiar corresponde a la menor y a mi mandante.

Todo ello con expresa imposición en costas a la adversa en caso de oposición, y con todo lo demás que proceda en Derecho.

Por ser de justicia en [LUGAR] y [FECHA]

Letrado/a don/doña [NOMBRE Y FIRMA ABOGADO]   Procurador/a don/doña [NOMBRE Y FIRMA PROCURADOR]

---

(1) Por la reforma realizada por la LO 1/2025, de 2 de enero, una vez implantados de forma efectiva los tribunales de instancia (D.T. 1.ª), todas las referencias realizadas a los juzgados unipersonales se entenderán realizadas a las secciones del orden jurisdiccional correspondiente de los tribunales de instancia. En este caso, el art. 86 de la LOPJ atribuye esta materia a la Sección de Familia, Infancia y Capacidad.

(2) De acuerdo con el segundo párrafo del art. 399.3 de la LEC se hará constar en la demanda la descripción del proceso de negociación previo llevado a cabo o la imposibilidad del mismo,

conforme a lo establecido en el ordinal 4.º del artículo 264, y se manifestarán, en su caso, los documentos que justifiquen que se ha acudido a un medio adecuado de solución de controversias, salvo en los supuestos exceptuados en la Ley de este requisito de procedibilidad.

(3) Documentos que acrediten haberse intentado la actividad negociadora previa a la vía judicial cuando la ley exija dicho intento como requisito de procedibilidad, o declaración responsable de la parte de la imposibilidad de llevar a cabo la actividad negociadora previa a la vía judicial por desconocer el domicilio de la parte demandada o el medio por el que puede ser requerido.

Demanda en reclamación de alimentos en nombre de los hijos menores. Pareja de hecho

A TENER EN CUENTA. Por la reforma realizada por la LO 1/2025, de 2 de enero, una vez implantados de forma efectiva los tribunales de instancia (D.T. 1.ª), todas las referencias realizadas a los juzgados unipersonales se entenderán realizadas a las secciones del orden jurisdiccional correspondiente de los tribunales de instancia. En este caso, el art. 86 de la LOPJ atribuye esta materia a la Sección de Familia, Infancia y Capacidad.

A TENER EN CUENTA. Desde el 03/04/2025 por la reforma realizada por la LO 1/2025, de 2 de enero, se exige para la admisión de las demandas civiles el haber acudido a un medio adecuado de solución de controversias (MASC). Es el artículo 5 de la LO 1/2025, de 2 de enero, el que determina estos casos.

En materia de alimentos al poder ser considera como una materia indisponible para las partes, el art. 4 de la LO 1/2025, de 2 de enero, las excluye de la obligatoriedad de acudir a un MASC. Sin embargo, al no existir un criterio uniforme sobre la admisibilidad de las demandas tras esta reforma, este formulario incluye un fundamento acerca de los MASC por si se quisiera acudir a ellos.

AL JUZGADO DE PRIMERA INSTANCIA DE [LUGAR]/ SECCIÓN DE FAMILIA, INFANCIA Y CAPACIDAD DEL TRIBUNAL DE INSTANCIA DE [ESPECIFICAR] (1)

Don/Doña [NOMBRE_PROCURADOR_CLIENTE] procurador/a de los tribunales, en nombre y representación de **don/doña** [NOMBRE CLIENTE] cuya representación se acredita por medio de poder [notarial/apud acta] copia del cual acompañamos como **documento n.º** [NÚMERO], bajo la dirección letrada de **don/doña** [NOMBRE_ABOGADO_CLIENTE] colegiado/a n.º [NÚMERO] del ICA de [LUGAR], ante el juzgado comparezco y, como mejor proceda en derecho,

DIGO

Mediante el presente escrito en nombre de mi mandante formulo **DEMANDA EN RECLAMACIÓN DE ALIMENTOS EN FAVOR DE LOS HIJOS** [NOMBRE] y [NOMBRE] contra **don/doña** [NOMBRE_PARTE_CONTRARIA] provisto de DNI n.º [NUMERO] con domicilio en esta localidad [DOMICILIO] y ello con base a los siguientes:

HECHOS

PRIMERO.- Mi mandante convivió con la ahora parte demandada durante [NÚMERO] años, constituyendo unión de hecho, hasta el pasado día [FECHA].

La relación se inscribió en el Registro Administrativo de Uniones de Hecho de la Comunidad de [COMUNIDAD AUTÓNOMA], al tomo [CONCEPTO], página [NÚMERO], lo que se acredita por medio del **documento n.º** [NÚMERO].

SEGUNDO.- De la relación de pareja nacieron [NOMBRE] y [NOMBRE], en fechas [FECHA] y [FECHA].

Ambos/as hijos/as, todavía menores, se inscribieron con la filiación de ambos progenitores (demandante y demandado), como se observa de las certificaciones de nacimiento que se acompañan como **documentos n.º** [NÚMERO] y n.º [NÚMERO].

TERCERO.- En el momento de la disolución de la pareja, ambos progenitores acordaron que mi patrocinada/o se encargaría de su guarda y custodia, estableciendo un oportuno régimen de visitas, comunicación y estancia con los menores en favor del progenitor no custodio, que se comprometió a aportar la cantidad mensual de [CANTIDAD EN LETRA] euros ([CANTIDAD] €) para colaborar en el mantenimiento de los hijos comunes.

CUARTO.- Por los siguientes motivos [ESPECIFICAR MOTIVOS] el progenitor/ [ESPECIFICAR] de los menores ha dejado de prestar la colaboración económica para el mantenimiento de los/as hijos/as. No existe causa justificada, para la interrupción del abono de la pensión alimenticia.

QUINTO.- Mi poderdante se encuentra actualmente sin recursos, ya que [ESPECIFICAR MOTIVOS] y aportamos los siguientes documentos que acreditan la situación expuesta como **documento n.º** [NÚMERO] **y** [NÚMERO].

Por el contrario, don/doña [NOMBRE PARTE CONTRARIA] continúa su actividad [ESPECIFICAR], donde presta sus servicios desde [NÚMERO] años, con un sueldo aproximado de [CANTIDAD] € mensuales.

Es por ello, y por el incumplido acuerdo entre las partes, por lo que solicita se establezca una pensión alimenticia a cargo del demandado a favor de los menores [NOMBRE] y [NOMBRE] de [CANTIDAD_EN-LETRA] euros ([CANTIDAD_EN_NÚMERO] €), que se deberán abonar en los CINCO PRIMEROS días de cada mes en la cuenta [NÚMERO], y actualizarse anualmente conforme [INDICE DE ACTUALIZACIÓN].

SEXTO.- Nada que decir al respecto de la guarda y custodia ni régimen de visitas establecido de común acuerdo, al cumplirse el mismo sin problemática entre los progenitores, correspondiendo el mismo en [ESPECIFICAR].

A los anteriores hechos son de aplicación los siguientes,

FUNDAMENTOS DE DERECHO

I.- JURISDICCIÓN Y COMPETENCIA

Conforme lo dispuesto en el apartado 1 del art. 21 de la Ley Orgánica del Poder Judicial y art. 36 de la Ley de Enjuiciamiento Civil, los juzgados y tribunales españoles del orden civil son los competentes para conocer de la acción que se ejercita.

De acuerdo con lo previsto en el art. 86 de la LOPJ le corresponde conocer de esta demanda a la sección de familia del tribunal de instancia (antes juzgado de primera instancia).

El apartado 3 del artículo 769 de la LEC, dispone que:

> «En los procesos que versen exclusivamente sobre guarda y custodia de hijos menores o sobre alimentos reclamados por un progenitor contra el otro en nombre de los hijos menores, será competente el Juzgado de Primera Instancia del lugar del último domicilio común de los progenitores».

II.- CAPACIDAD Y LEGITIMACIÓN

Mi representado/a ostenta la capacidad necesaria para ser parte en el presente proceso, de conformidad con lo dispuesto en los artículos 6 y siguientes de la LEC y está legitimado para la presentación de esta demanda, en aplicación del art. 10 de la meritada norma.

III.- POSTULACIÓN Y DEFENSA

Esta parte actúa representada por procurador/a y asistida de abogado/a, de acuerdo con el artículo 750 de la LEC.

IV.- INTERVENCIÓN DEL MINISTERIO FISCAL

En virtud del **artículo 749 de la LEC**, deberá intervenir el Ministerio Fiscal debido a la existencia de un menor en el procedimiento.

V.- MASC

Según lo establecido en el art. 5 de la LO 1/2025, de 2 de enero, las partes han acudido a [DESCRIPCIÓN PROCESO MASC] en los términos siguientes [ESPECIFICAR] **(2)**.

A estos efectos adjuntamos los siguientes documentos: **(3)**

- Documento n.° [NÚMERO].
- Documento n.° [NÚMERO].

VI.- FONDO DEL ASUNTO

De aplicación lo dispuesto en el Código Civil, destacamos los artículos 92 y ss., 142 y concordantes, y 154 y ss. del CC, debiendo, en este punto, hacer mención expresa a lo dispuesto en el propio art. 158 del CC, cuando indica:

> «El Juez, de oficio o a instancia del propio hijo, de cualquier pariente o del Ministerio Fiscal, dictará:
> 1.° Las medidas convenientes para asegurar la prestación de alimentos y proveer a las futuras necesidades del hijo, en caso de incumplimiento de este deber, por sus padres».

En cuanto al concepto de alimentos, hay que incluir todo lo que es indispensable para el sustento, habitación, vestido y asistencia médica y, también, la educación e instrucción del alimentista mientras sea menor de edad y aun después cuando no haya terminado su formación por causa que no le sea imputable que se preceptúa en el art. 142 del Código Civil, siendo obligados a su prestación los progenitores según lo dispuesto en el art. 143 del Código Civil.

El art. 145 del Código Civil establece que cuando recaiga sobre dos o más personas la obligación de dar alimentos, se repartirá entre ellas el pago de la pensión en cantidad proporcional a su caudal respectivo y, asimismo, el art. 146 del Código Civil determina que la cuantía de los alimentos será proporcionada al caudal o medios de quien los da y a las necesidades de quien los recibe.

En el presente caso, se han acreditado las circunstancias económicas y personales de mi mandante, así como la situación laboral del progenitor demandado, por lo que los alimentos que se piden habrán de ser satisfechos por este por meses anticipados, conforme el art. 148 del Código Civil que dispone:

> «La obligación de dar alimentos será exigible desde que los necesitare, para subsistir, la persona que tenga derecho a percibirlos, pero no se abonarán sino desde la fecha en que se interponga la demanda. Se verificará el pago por meses anticipados, y, cuando fallezca el alimentista, sus herederos no estarán obligados a devolver lo que éste hubiese recibido anticipadamente».

Ya nos indica el Tribunal Supremo en su STS n.° 32/2019, de 17 de enero, ECLI:ES:TS:2019:49, lo siguiente:

> «Esta Sala ha tenido ocasión de fijar doctrina jurisprudencial en interés casacional en las sentencias de 26 de marzo de 2014 y 19 de noviembre de 2014. Según esta doctrina, no cabe confundir dos supuestos distintos: aquel en que la pensión se instaura por primera vez y aquel en el que existe una pensión alimenticia ya declarada (y por tanto, que ha venido siendo percibida por los hijos menores) y lo que se discute es la modificación de la cuantía

(...). En el primer caso debe estarse a la doctrina sentada en sentencias de 14 de junio 2011, 26 de octubre 2011 y 4 de diciembre 2013, según la cual «debe aplicarse a la reclamación de alimentos por hijos menores de edad en situaciones de crisis del matrimonio o de la pareja no casada la regla contenida en el art. 148.1CC, de modo que, en caso de reclamación judicial, dichos alimentos deben prestarse por el progenitor deudor desde el momento de la interposición de la demanda».

VII.- COSTAS

Conforme al apartado 1 del art. 394 de la LEC **(4)** las costas habrán de imponerse a la parte demandada caso de oponerse y rechazarse totalmente sus pretensiones.

VIII.- *IURA NOVIT CURIA*

En todo lo no invocado resulta de aplicación el principio *iura novit curia,* plasmado en el párrafo segundo del punto primero del artículo 218 de la Ley de Enjuiciamiento Civil, en virtud del cual serán aplicables las demás normas que sean de pertinente, especial o general aplicación, y que el juzgador podrá tener en cuenta de oficio sin necesidad de que hayan sido previamente alegadas o invocadas por alguna de las partes intervinientes. Por todo lo expuesto,

SUPLICO AL JUZGADO/A LA SECCIÓN:

Que, tenga por presentado este escrito junto con sus copias y documentos adjuntos, los admita, les de la tramitación legal oportuna y, previo los trámites de rigor, dicte sentencia por la que ACUERDE el establecimiento de una pensión alimenticia a cargo del demandado a favor de los menores [NOMBRE] y [NOMBRE] de [CANTIDAD_EN_LETRA] Euros ([CANTIDAD_EN_NÚMERO] €), que se deberán abonar en los CINCO PRIMEROS días de cada mes en la cuenta [NÚMERO], y actualizarse anualmente conforme [INDICE DE ACTUALIZACIÓN], permaneciendo la guarda y custodia y régimen de visitas tal y como se viene efectuando de común acuerdo [DESCRIBIR].

Todo ello con imposición de costas a la adversa.

Por ser de justicia que se solicita en [LUGAR] a [FECHA]

Ltdo. don/doña [NOMBRE
Y FIRMA LETRADO]

Proc. don/doña [NOMBRE Y
FIRMA PROCURADOR]

---

(1) Por la reforma realizada por la LO 1/2025, de 2 de enero, una vez implantados de forma efectiva los tribunales de instancia (D.T. 1.ª), todas las referencias realizadas a los juzgados unipersonales se entenderán realizadas a las secciones del orden jurisdiccional correspondiente de los tribunales de instancia. En este caso, el art. 86 de la LOPJ atribuye esta materia a la Sección de Familia, Infancia y Capacidad.

(2) El art. 394 de la LEC ha sido modificado por la LO 1/2025, de 2 de enero, con efectos desde el 3 de abril de 2025.

(3) De acuerdo con el segundo párrafo del art. 399.3 de la LEC se hará constar en la demanda la descripción del proceso de negociación previo llevado a cabo o la imposibilidad del mismo, conforme a lo establecido en el ordinal 4.º del artículo 264, y se manifestarán, en su caso, los documentos que justifiquen que se ha acudido a un medio adecuado de solución de controversias, salvo en los supuestos exceptuados en la Ley de este requisito de procedibilidad.

> **A TENER EN CUENTA.** En materia de alimentos al poder ser considera como una materia indisponible para las partes, el art. 4 de la LO 1/2025, de 2 de enero, las excluye de la obligatoriedad de acudir a un MASC. Sin embargo, al no existir un criterio uniforme sobre la admisibilidad de las demandas tras esta reforma, este formulario incluye un fundamento acerca de los MASC por si se quisiera acudir a ellos.

(4) Documentos que acrediten haberse intentado la actividad negociadora previa a la vía judicial cuando la ley exija dicho intento como requisito de procedibilidad, o declaración responsable de la parte de la imposibilidad de llevar a cabo la actividad negociadora previa a la vía judicial por desconocer el domicilio de la parte demandada o el medio por el que puede ser requerido.

Demanda de juicio ordinario solicitando la disolución y liquidación de comunidad de bienes en unión estable

A TENER EN CUENTA. Por la reforma realizada por la LO 1/2025, de 2 de enero, una vez implantados de forma efectiva los tribunales de instancia (D.T. 1.ª), todas las referencias realizadas a los juzgados unipersonales se entenderán realizadas a las secciones del orden jurisdiccional correspondiente de los tribunales de instancia. En este caso, el art. 86 de la LOPJ atribuye esta materia a la Sección de Familia, Infancia y Capacidad.

A TENER EN CUENTA. Desde el 03/04/2025 por la reforma realizada por la LO 1/2025, de 2 de enero, se exige para la admisión de las demandas civiles el haber acudido a un medio adecuado de solución de controversias (MASC). Es el **artículo 5 de la LO 1/2025, de 2 de enero**, el que determina estos casos.

AL JUZGADO DE PRIMERA INSTANCIA QUE POR TURNO CORRESPONDA DE [LUGAR]/**SECCIÓN DE FAMILIA, INFANCIA Y CAPACIDAD DEL TRIBUNAL DE INSTANCIA DE** [ESPECIFICAR] **(1)**

Don/Doña [NOMBRE_PROCURADOR_CLIENTE], procurador/a de los tribunales, en nombre y representación de **Don/Doña** [NOMBRE CLIENTE], según acredito mediante [DESCRIPCIÓN], bajo la dirección letrada de Don/Doña [NOMBRE_ABOGADO_CLIENTE], colegiado/a número [NÚMERO] por el ICA de [LUGAR], ante el juzgado/la sección comparezco y, como mejor proceda en derecho,

DIGO

Por medio del presente escrito formulo **DEMANDA DE JUICIO ORDINARIO, ejercitando ACCIÓN DE DISOLUCIÓN DE LA COMUNIDAD** contra **Don/Doña** [NOMBRE_PARTE_CONTRARIA], mayor de edad, [ESTADO_CIVIL_PARTE_CONTRARIA], con DNI [NÚMERO], con [DOMICILIO_PARTE_CONTRARIA], teléfono [NÚMERO].

Y ello con base en los siguientes

HECHOS

PRIMERO.- La demandante y el demandado iniciaron su convivencia *more uxorio* en fecha [NÚMERO] y cesaron en la misma el pasado día [NÚMERO].

SEGUNDO.- En [FECHA] mi mandante y el demandado adquirieron de forma conjunta [INDICAR BIEN] por importe de [CANTIDAD] euros.

Se adjunta la escritura pública de compraventa como **documento n.º** [NÚMERO] euros.

TERCERO.- Tras la ruptura de la convivencia, no ha sido posible llegar a un acuerdo con el demandado sobre la adjudicación a uno de los copropietarios, tras ser requerido de forma fehaciente mediante [ESPECIFICAR] que adjuntamos como **documento n.º** [NÚMERO].

Por lo que se interpone la presente demanda para terminar con la comunidad.

FUNDAMENTOS DE DERECHO

I.- JURISDICCIÓN Y COMPETENCIA

De aplicación lo estipulado en los arts. 21 y ss. de la LOPJ, así como lo establecido en al art. 36 de la LEC.

Es competente el juzgado/la sección al que me dirijo de conformidad con lo dispuesto en los artículos 45 y siguientes de la LEC, así como 50 y concordantes.

II.- CAPACIDAD Y LEGITIMACIÓN

Poseen ambas partes capacidad y legitimación suficiente de conformidad con lo estipulado en los arts. 6, 10 y concordantes de la LEC.

III.- REPRESENTACIÓN

Las partes deberán comparecer por medio de procurador y asistidas de letrado, de conformidad con lo expuestos en los arts. 23 y 31 de la LEC, al ser la cuantía del procedimiento superior a 2.000 €.

IV.- PROCEDIMIENTO

Será tramitado por los cauces del procedimiento ordinario de acuerdo con lo dispuesto en el artículo 249.2 de la LEC, que expone que:

«2. Se decidirán también en el juicio ordinario las demandas cuya cuantía excedan de quince mil euros y aquéllas cuyo interés económico resulte imposible de calcular, ni siquiera de modo relativo».

V.- CUANTÍA

Se establece la cuantía del procedimiento en [CUANTÍA] €.

VI.- MASC

Según lo establecido en el **art. 5 de la LO 1/2025, de 2 de enero**, las partes han acudido a [DESCRIPCIÓN PROCESO MASC] en los términos siguientes [ESPECIFICAR] **(2)**.

A estos efectos adjuntamos los siguientes documentos: **(3)**

- **Documento n.º** [NÚMERO].
- **Documento n.º** [NÚMERO].

VII.-FONDO DEL ASUNTO

Artículo 392 del CC:

«Hay comunidad cuando la propiedad de una cosa o un derecho pertenece pro indiviso a varias personas.
A falta de contratos, o de disposiciones especiales, se regirá la comunidad por las prescripciones de este título».

Artículo 400 del CC:

«Ningún copropietario estará obligado a permanecer en la comunidad. Cada uno de ellos podrá pedir en cualquier tiempo que se divida la cosa común».

Artículo 404 del CC:

«Cuando la cosa fuere esencialmente indivisible, y los condueños no convinieren en que se adjudique a uno de ellos indemnizando a los demás, se venderá y repartirá su precio».

Así, cabe mencionar por esta parte la **sentencia del Tribunal Supremo n.º 416/2011, de 16 de junio, ECLI:ES:TS:2011:3634**, que reza que sigue:

«Uno de los aspectos que no se admiten en la jurisprudencia de esta Sala es la existencia de un régimen económico matrimonial en las parejas no casadas, salvo que se haya pactado por los convivientes una comunidad de bienes u otro sistema».

En este caso las partes pactaron la copropiedad del bien referido en los hechos de esta demanda, adquirido por escritura pública de fecha [FECHA] que adjuntamos al presente escrito como **documento n.º** [NÚMERO].

VIII.- COSTAS

De conformidad con el artículo 394 de la LEC **(4)**, las costas deberás ser impuestas a la parte demandante.

Y en su virtud,

SUPLICO AL JUZGADO/A LA SECCIÓN:

Que tenga por presentado este escrito con los documentos de que se acompaña y copias de todo ello, por comparecido y parte al procurador/a que suscribe en la representación de Don/Doña [NOMBRE_CLIENTE], y por formulada **DEMANDA DE JUICIO ORDINARIO** contra Don/Doña [NOMBRE_PARTE_CONTRARIA], y, en su día, una vez tramitado por sus cauces el procedimiento se sirva dictar sentencia con los siguientes pronunciamientos:

Se declare extinguido el condominio respecto del [OBJETO] y del que son titulares Don/Doña [NOMBRE CLIENTE] y Don/Doña [NOMBRE_PARTE_CONTRARIA].

Se decrete la división de la citada finca, caso de que no se llegue a un acuerdo en los términos que refiere el artículo 404 del Código Civil, mediante venta en pública subasta con intervención de licitadores extraños y consiguiente reparto del producto obtenido de la misma entre los copropietarios, en proporción a sus cuotas, dado el carácter indivisible del objeto común.

Se condene expresamente al pago de las costas procesales al demandado Don/Doña [NOMBRE PARTE CONTRARIA].

Por ser justicia que pido en [CIUDAD] a [DÍA] de [MES] de [AÑO]

Ltdo. Don/Doña [NOMBRE]   Proc. Don/Doña [NOMBRE]

OTROSÍ DIGO: siendo intención de esta parte cumplir con todos los requisitos legales, a tenor de lo previsto en el artículo 231 de la Ley de Enjuiciamiento Civil, se solicita se le diere traslado de cualquier defecto que adoleciere la presente demanda, para la inmediata subsanación de la misma.

En su virtud,

SUPLICO AL JUZGADO/A LA SECCIÓN:

Que tenga por efectuada la anterior manifestación a los efectos oportunos.

Por ser de justicia, fecha y lugar *ut supra.*

Ltdo. Don/Doña [NOMBRE]   Proc. Don/Doña [NOMBRE]

---

(1) Por la reforma realizada por la LO 1/2025, de 2 de enero, una vez implantados de forma efectiva los tribunales de instancia (D.T. 1.ª), todas las referencias realizadas a los juzgados unipersonales se entenderán realizadas a las secciones del orden jurisdiccional correspondiente de los tribunales de instancia. En este caso, el art. 86 de la LOPJ atribuye esta materia a la Sección de Familia, Infancia y Capacidad.

(2) De acuerdo con el segundo párrafo del art. 399.3 de la LEC se hará constar en la demanda la descripción del proceso de negociación previo llevado a cabo o la imposibilidad del mismo, conforme a lo establecido en el ordinal 4.º del artículo 264, y se manifestarán, en su caso, los documentos que justifiquen que se ha acudido a un medio adecuado de solución de controversias, salvo en los supuestos exceptuados en la Ley de este requisito de procedibilidad.

(3) Documentos que acrediten haberse intentado la actividad negociadora previa a la vía judicial cuando la ley exija dicho intento como requisito de procedibilidad, o declaración responsable de la parte de la imposibilidad de llevar a cabo la actividad negociadora previa a la vía judicial por desconocer el domicilio de la parte demandada o el medio por el que puede ser requerido.

(4) El art. 394 de la LEC ha sido modificado por la LO 1/2025, de 2 de enero, con efectos desde el 3 de abril de 2025.

Demanda de reclamación de filiación no matrimonial por hijo mayor de edad. Sin posesión de estado. (Paternidad)

A TENER EN CUENTA. Por la reforma realizada por la LO 1/2025, de 2 de enero, una vez implantados de forma efectiva los tribunales de instancia (D.T. 1.ª), todas las referencias realizadas a los juzgados unipersonales se entenderán realizadas a las secciones del orden jurisdiccional correspondiente de los tribunales de instancia. En este caso, el art. 86 de la LOPJ atribuye esta materia a la Sección de Familia, Infancia y Capacidad.

AL JUZGADO DE PRIMERA INSTANCIA DE [LUGAR] **QUE POR TURNO CORRESPONDA/SECCIÓN DE FAMILIA, INFANCIA Y CAPACIDAD DEL TRIBUNAL DE INSTANCIA DE** [ESPECIFICAR] **(4)**

Don/Doña [NOMBRE_PROCURADOR], procurador/a de los tribunales en nombre y representación de **don/doña** [NOMBRE_CLIENTE], con domicilio en esta ciudad en [DOMICILIO], y provisto de DNI número [NÚMERO], lo que acredito mediante [ESCRITURA DE PODER GENERAL PARA PLEITOS/REPRESENTACIÓN APUD ACTA] a mi favor conferido, copia del cual adjunto como documento n.º [NÚMERO], bajo la dirección letrada de don/doña [NOMBRE_LETRADO], colegiado/a n.º [NÚMERO_COLEGIADO] del Ilustre Colegio de Abogados de [LOCALIDAD], como mejor proceda en derecho,

DIGO

Por medio del presente escrito, formulo **DEMANDA PARA LA DETERMINACIÓN DE LA FILIACIÓN** paterna no matrimonial contra **don/doña** [NOMBRE_PARTE_CONTRARIA] con DNI [NÚMERO] y domicilio [DOMICILIO PARTE CONTRARIA], y ello con base en los siguientes,

HECHOS

PRIMERO.- Los progenitores de mi poderdante se conocieron en el año [AÑO], iniciando una relación de [DESCRIPCIÓN] a consecuencia de la cual doña [NOMBRE_MADRE_CLIENTE] se quedó embarazada del hoy demandado.

Se acompañan como **documentos n.º** [NÚMERO] **y** [NÚMERO], fotografías en que ambos aparecen juntos, en la primera solos y en la segunda con otros amigos, los cuales testificarán en el momento procesal oportuno **(1)**.

SEGUNDO.- Enterada doña [NOMBRE_MADRE_CLIENTE] de su embarazo, lo comunicó al demandado, quien hizo caso omiso de sus obligaciones para con su vástago, naciendo el demandante en fecha [FECHA], concretamente [NÚMERO] meses después de la relación entre su madre y el hoy demandado.

Se acompaña como **documento n.º** [NÚMERO], certificado de nacimiento del actor.

TERCERO.- [DESCRIPCIÓN] **(2)**.

CUARTO.- Es por lo expuesto, por lo que interesa mi representado la presente acción, a los efectos de que se determine su filiación.

A los anteriores hechos le son de aplicación los siguientes,

FUNDAMENTOS DE DERECHO

I.- JURISDICCIÓN Y COMPETENCIA

Corresponde al órgano al que me dirijo en virtud de los artículos 4 y concordantes de la Ley Orgánica del Poder Judicial y del artículo 36 de la Ley 1/2000, de 7 de enero, de Enjuiciamiento Civil.

Y, además, conforme al art. 22 quater letra d) de la Ley Orgánica del Poder Judicial que establece que, en el orden civil, los tribunales españoles serán competentes en materia de filiación y de relaciones paternofiliales, cuando el hijo tenga su residencia habitual en España al tiempo de la demanda o el demandante sea español o resida habitualmente en España.

La competencia objetiva corresponde a los juzgados de primera instancia conforme al artículo 45 de la Ley de Enjuiciamiento Civil./Corresponde conocer de este asunto a las secciones de familia del tribunal de instancia de acuerdo con el art. 86 de la LOPJ.

En cuanto a la competencia territorial, es competente el juzgado (sección) al que me dirijo, en virtud del artículo 50.1 de la Ley de Enjuiciamiento Civil, por ser el del domicilio del demandado.

II.- CAPACIDAD Y LEGITIMACIÓN

Ambas partes poseen capacidad y legitimación suficiente de conformidad con lo estipulado en los artículos 6, 10 y concordantes de la Ley de Enjuiciamiento Civil. A tal respecto, la legitimación activa le corresponde a mi representado, al ser este el interesado en que se determine su filiación paterna, ostentando el demandado la legitimación pasiva conforme a lo prevenido en el artículo 766 de la Ley de Enjuiciamiento Civil por ser la persona a la que se atribuye la condición de padre del actuante.

III.- POSTULACIÓN PROCESAL

La parte demandante litiga representada por procurador/a y asistida de abogado/a, conforme exige el artículo 750.1 de la Ley 1/2000, de 7 de enero, de Enjuiciamiento Civil.

IV.- PROCEDIMIENTO

Dispone el artículo 748 de la Ley de Enjuiciamiento Civil que se aplicarán las disposiciones del título I del libro IV de dicha norma a los procesos de filiación, paternidad y maternidad, correspondiendo a los artículos 764 y concordantes lo relativo a los procedimientos de filiación.

V.- INTERVENCIÓN DEL MINISTERIO FISCAL

Debe ser parte el Ministerio Fiscal, tal y como establece el artículo 749.1 de la Ley de Enjuiciamiento Civil.

VI.- FONDO DEL ASUNTO

De conformidad con lo dispuesto en el apartado 2 del artículo 39.2 de la Constitución Española:

> «Los poderes públicos aseguran, asimismo, la protección integral de los hijos, iguales éstos ante la ley con independencia de su filiación, y de las madres, cualquiera que sea su estado civil. La ley posibilitará la investigación de la paternidad».

A través del contenido del precepto constitucional antedicho, se consagra el principio de libre investigación de la paternidad y la filiación (**SAP de Cáceres n.º 14/2007, de 15 de enero, ECLI:ESAPCC:2007:46**).

«El derecho del hijo a conocer su origen biológico adquiere tal relevancia que, incluso, la propia Constitución Española exhorta al legislador a que se posibilite la investigación de la paternidad (artículo 39). Pero no sólo eso, principio también rector de la actuación de los poderes públicos es asegurar la protección integral de los hijos. Concretamente, la Constitución establece que los hijos, con independencia de su filiación, son iguales ante la Ley y tienen derecho a ser asistidos por sus padres hayan nacido dentro o fuera del matrimonio. Y es que el derecho a conocer la propia filiación biológica, incluso con independencia de la jurídica, se erige como un derecho de la personalidad que no puede ser negado a la persona sin quebrantar el derecho a la identidad personal y cuyo fundamento hay que buscar en la dignidad de la persona y en el desarrollo de la personalidad (artículo 10.1 de la Constitución Española) (...)».

Asimismo, dispone el artículo 764.1 de la Ley de Enjuiciamiento Civil que podrá pedirse de los tribunales la determinación legal de la filiación en los casos previstos en la legislación civil.

En virtud de la presente demanda, se ejercita **acción de reclamación de filiación paterna no matrimonial prevista en el artículo 133 del Código Civil**, que establece que la acción de reclamación de filiación no matrimonial, cuando falta la respectiva posesión de estado, **corresponde al hijo durante toda su vida.** En este sentido, es clara tanto la literalidad del precepto como la postura mantenida al respecto por el Alto Tribunal, entre otras, la **STS n.º 18/2017, de 17 de enero, ECLI:ES:TS:2017:110:**

«**No hay ejercicio tardío del derecho** con relevancia jurídica en estos casos, pues el artículo 133 CC establece que **la acción puede ejercitarse durante toda la vida del hijo** (así lo destacó, entre otras, la sentencia de esta sala 253/2003, de 11 marzo), sin que puedan establecerse diferencias en cuanto al ejercicio por la madre —a favor del hijo— o por el propio hijo —**cuando alcance la mayoría de edad**— de la acción correspondiente (...)».

El artículo 108 del Código Civil expresa que **(3)**:

«La filiación puede tener lugar por naturaleza y por adopción. La filiación por naturaleza puede ser matrimonial y no matrimonial. Es matrimonial cuando los progenitores están casados entre sí.

La filiación matrimonial y la no matrimonial, así como la adoptiva, surten los mismos efectos, conforme a las disposiciones de este Código».

Los artículos 109 y 112 del CC expresan que la filiación determina los apellidos con arreglo a lo dispuesto en la ley y produce sus efectos desde que tiene lugar. Su determinación legal tiene efectos retroactivos siempre que la retroactividad sea compatible con la naturaleza de aquellos y la ley no dispusiere lo contrario.

Artículo 113 del Código Civil

«La filiación se acredita por la inscripción en el Registro Civil, por el documento o sentencia que la determina legalmente, por la presunción de paternidad matrimonial y, a falta de los medios anteriores, por la posesión de estado. Para la admisión de pruebas distintas a la inscripción se estará a lo dispuesto en la Ley de Registro Civil.

No será eficaz la determinación de una filiación en tanto resulte acreditada otra contradictoria».

Artículo 120.4 del Código Civil

«La filiación no matrimonial quedará determinada legalmente:
(...)
4.º Por sentencia firme».

Respecto de la ausencia de necesidad de acreditar que entre los progenitores se hubiera tenido que producir una relación sentimental, se ha pronunciado el **Tribunal Supremo en su sentencia n.º 460/2017, de 18 de julio, ECLI:ES:TS:2017:2815**:

«(...) Tampoco es necesario que se pruebe la existencia de una relación sentimental entre las partes, pues basta una simple relación de conocimiento de la que pudiera inferirse la posibilidad de la procreación en atención a datos como los que concurren en el caso presente, al estar acreditado que la demandante y el demandado se conocían porque frecuentaban el mismo gimnasio —en la época aproximada de la concepción de la hija de la demandante— donde se relacionaban, a lo que hay que añadir que el titular del establecimiento declaró que, según comentarios, estaban «liados». Es cierto que como prueba de paternidad tales circunstancias resultan insuficientes, pero ello —unido a la negativa del demandado— permite al tribunal hacer dicha declaración con plena certeza».

VII.- ESPECIALIDADES EN MATERIA DE PROCEDIMIENTO Y PRUEBA

El **artículo 767** de la Ley de Enjuiciamiento Civil nos dice que:

«1. En ningún caso se admitirá la demanda sobre determinación o impugnación de la filiación si con ella no se presenta un principio de prueba de los hechos en que se funde.
2. En los juicios sobre filiación será admisible la investigación de la paternidad y de la maternidad mediante toda clase de pruebas, incluidas las biológicas.
3. Aunque no haya prueba directa, podrá declararse la filiación que resulte del reconocimiento expreso o tácito, de la posesión de estado, de la convivencia con la madre en la época de la concepción, o de otros hechos de los que se infiera la filiación, de modo análogo.
4. La negativa injustificada a someterse a la prueba biológica de paternidad o maternidad permitirá al tribunal declarar la filiación reclamada, siempre que existan otros indicios de la paternidad o maternidad y la prueba de ésta no se haya obtenido por otros medios».

Para el caso de la negativa a la prueba, y teniendo en consideración la existencia de un indicio de prueba ya expuesto en el cuerpo de esta demanda, la propia **sentencia del Tribunal Supremo n.º 460/2017, de 18 de julio, ECLI:ES:TS:2017:2815** indica lo siguiente:

«(...) **No cabe primar la actuación de quien obstaculiza**, sin razón justificada, la averiguación de la verdad teniendo a su alcance la posibilidad de facilitar a la otra parte y al tribunal la solución del problema litigioso, confiando por su parte en que la falta de certeza de la prueba aportada por la demandante le permita obviar la declaración de paternidad y el cumplimiento de su función y obligaciones paternofiliales. Resulta contrario a elementales principios de justicia propiciar que estas conductas de negación puedan generalizarse privando al hijo de la posibilidad de obtener certeza sobre su filiación, dando efectividad a la negativa únicamente en aquellos casos en que la prueba resulta menos necesaria al existir elementos probatorios suficientes para deducir la paternidad del demandado. Lo deseable es que la determinación de la filiación respecto del demandado se produzca cuanto antes, bien sea con resultado positivo o negativo, no sólo por razones de seguridad jurídica sino por los propios derechos de carácter material que se traducen en la obligación de alimentos cuando la hija va a alcanzar una edad en que las necesidades de todo tipo son cuantitativamente mayores. No cabe, en ningún caso, dar mayor protección a la opción obstruccionista del demandado que a intereses de tan alta valoración como los ya expresados que corresponden a la menor, en cuyo beneficio se ejercita la acción de reclamación de la filiación paterna. A todo lo anterior es preciso añadir que hoy día ya no resulta imprescindible la extracción de sangre para la práctica de la prueba, pues los avances científicos permiten obtener con total fiabilidad las muestras necesarias para ello de forma absolutamente indolora, bastando una muestra del ADN de ambos (posible padre, e hijo) mediante la obtención de las células epiteliales de la mucosa oral, siendo suficientes incluso las muestras derivadas de manchas de sangre o sudor, uñas cortadas, cepillo de dientes, chicles, dientes de leche o pelos arrancados de raíz, entre otros medios».

En este sentido, encontramos también la **STS n.º 18/2017, de 17 de enero, ECLI:ES:TS:2017:110**:

«La sentencia del TC 29/2005, de 14 de febrero, con cita del ATC 37172003, de 21 de noviembre, recoge que «hemos rechazado que se pueda atribuir a la referida negativa a someterse a la práctica de la prueba biológica ‹un carácter absoluto de prueba de paternidad, introduciéndose una carga contra cives que no está autorizada normativamente', ni puede interpretarse dicha negativa como una ficta confessio del afectado (ATC 221/1990, de 31 de mayo , FJ2, in extenso), sino la condición de un indicio probatorio que ha de ser ponderado por el órgano judicial en el contexto valorativo anteriormente expuesto, es decir, en relación con la base probatoria (indiciaria) existente en el procedimiento (STC 95/1999, de 31 de mayo , FJ 2)"».

Si bien, en el caso que se expone, el **resto de prueba es claro** conforme se establece esa posibilidad de que el mandante sea hijo biológico del demandado.

VIII.- COSTAS

Conforme al artículo 394 de la Ley de Enjuiciamiento Civil, las costas deberán ser impuestas al demandado.

Por lo expuesto,

SUPLICO AL JUZGADO/A LA SECCIÓN:

Que teniendo por presentado este escrito, con los documentos y copias que se acompañan, se sirva admitirlo, y teniéndome por parte en la representación de don/doña [NOMBRE_CLIENTE], quien actúa por sí mismo, tenga por formulada **DEMANDA DE RECLAMACIÓN DE FILIACIÓN PATERNA NO MATRIMONIAL** de don/doña [NOMBRE_CLIENTE], contra don [NOMBRE_PARTECONTRARIA], y con citación del Ministerio Fiscal, y, seguido el juicio por sus trámites legales dicte sentencia en su día por la que:

A) Declare que don [NOMBRE_PARTECONTRARIA] es el **padre biológico** de don/doña [NOMBRE_CLIENTE];

B) Declare que los **apellidos** de don/doña [NOMBRE_CLIENTE] son [DESCRIPCIÓN].

C) Ordene la **rectificación en el Registro Civil de la inscripción de nacimiento** de don/doña [NOMBRE_CLIENTE], que figura inscrito en el Registro Civil de [LOCALIDAD], sección 1.ª, libro [NÚMERO], página [NÚMERO], en el sentido de que:

– Se haga constar que el padre de don/doña [NOMBRE_CLIENTE] es don [NOMBRE_PARTECONTRARIA], hijo de [NOMBRE] y de [NOMBRE], nacido en [LOCALIDAD], el día [DIA], de estado [DESCRIPCIÓN], nacionalidad [DESCRIPCIÓN] y domicilio en [DESCRIPCIÓN].

– Se haga constar que el primer apellido de don/doña [NOMBRE_CLIENTE] es [NOMBRE].

D) Con expresa imposición de costas al demandado, don [NOMBRE_PARTECONTRARIA], si se opusiera a esta demanda.

Por ser de justicia, en [CIUDAD] a [FECHA].

Letrado/a [NOMBRE Y   Procurador/a [NOMBRE Y
FIRMA LETRADO]   FIRMA PROCURADOR]

PRIMER OTROSÍ DIGO: sin perjuicio de reiterarlo en el momento procesal oportuno, desde este momento se interesa el recibimiento del pleito a prueba

SUPLICO AL JUZGADO/A LA SECCIÓN:

Que teniendo por efectuada la anterior manifestación, acuerde el recibimiento del pleito a prueba.

Por ser de justicia, fecha y lugar *ut supra*.

Letrado/a [NOMBRE Y   Procurador/a [NOMBRE Y
FIRMA LETRADO]   FIRMA PROCURADOR]

SEGUNDO OTROSÍ DIGO: PRUEBA PERICIAL MÉDICO-LEGAL

Siendo necesario para determinar si don [NOMBRE_PARTECONTRARIA] es el padre biológico del menor [NOMBRE], la realización de prueba biológica, esta parte, conforme a lo dispuesto en el **artículo 339.2** de la Ley de Enjuiciamiento Civil, solicita se proceda por el juzgado a librar oficio al Instituto Nacional de Toxicología u organismo médico competente, o, caso de no estar conforme el demandado con la práctica por dicho organismo la referida prueba, a designar un perito, a fin de que realice todas aquellas pruebas pertinentes en las personas del demandado y demandante para determinar que don [NOMBRE_PARTECONTRARIA] es el padre biológico del actor.

SUPLICO AL JUZGADO/A LA SECCIÓN:

Que tenga por solicitada la prueba indicada, la admita y provea lo necesario para su práctica.

Por ser de justicia, fecha y lugar *ut supra*.

Letrado/a [NOMBRE Y   Procurador/a [NOMBRE Y
FIRMA LETRADO]   FIRMA PROCURADOR]

TERCER OTROSÍ DIGO: siendo intención de esta parte cumplir con todos los requisitos legales, a tenor de lo previsto en el artículo 231 de la Ley de Enjuiciamiento Civil, se solicita se le diere traslado de cualquier defecto que adoleciere la presente demanda, para la inmediata subsanación de la misma.

SUPLICO AL JUZGADO/A LA SECCIÓN:

Que tenga por efectuada la anterior manifestación a los efectos oportunos.

Por ser de justicia, fecha y lugar *ut supra*.

Letrado/a [NOMBRE Y
FIRMA LETRADO]

Procurador/a [NOMBRE Y
FIRMA PROCURADOR]

---

(1) Incluir todo tipo de prueba que sirva de base para la acción, tanto fotografías como testificales, cartas, correos electrónicos, etc.

(2) Indicar si se han intentado contactos entre las partes o entre los progenitores, así como prueba, de existir, al respecto.

(3) El art. 108 del Código Civil ha sido modificado por la Ley 4/2023, de 28 de febrero, para la igualdad real y efectiva de las personas trans y para la garantía de los derechos de las personas LGTBI, con entrada en vigor el 02/03/2023.

(4) Por la reforma realizada por la LO 1/2025, de 2 de enero, una vez implantados de forma efectiva los tribunales de instancia (D.T. 1.ª), todas las referencias realizadas a los juzgados unipersonales se entenderán realizadas a las secciones del orden jurisdiccional correspondiente de los tribunales de instancia. En este caso, el art. 86 de la LOPJ atribuye esta materia a la Sección de Familia, Infancia y Capacidad.

Demanda de pensión de viudedad por convivir maritalmente (art. 221.2 de la LGSS)

A TENER EN CUENTA. Por la reforma realizada por la LO 1/2025, de 2 de enero, una vez implantados de forma efectiva los tribunales de instancia (D.T. 1.ª), todas las referencias realizadas a los juzgados unipersonales se entenderán realizadas a las secciones del orden jurisdiccional correspondiente de los tribunales de instancia. En esta demanda resultan competente la sección de lo social del tribunal de instancia, de acuerdo con lo previsto en el art. 94 de la LOPJ.

AL JUZGADO DE LO SOCIAL N.º [NÚMERO]/SECCIÓN DE LO SOCIAL DEL TRIBUNAL DE INSTANCIA DE [LOCALIDAD] (2)

Don/Doña [NOMBRE_PROCURADOR_CLIENTE], procurador/a de los tribunales y de don/doña [NOMBRE_CLIENTE], mayor de edad, con domicilio en [DOMICILIO], según acredito mediante copia de la escritura de apoderamiento que debidamente bastanteada acompaño con el ruego de su devolución por necesitarlo para otros usos, y bajo la dirección letrada de don/doña [NOMBRE_ABOGADO_CLIENTE], con número de colegiado/a [NÚMERO_COLEGIADO_ABOGADO_CLIENTE], ante el juzgado/la sección comparezco y, como mejor proceda en derecho,

DIGO

Por medio del presente escrito, formulo demanda en reclamación de la **PENSIÓN DE VIUDEDAD** contra el **INSTITUTO NACIONAL DE LA SEGURIDAD SOCIAL** y contra la **TESORERÍA GENERAL DE LA SEGURIDAD SOCIAL**, con domicilio en [DOMICILIO], en base a los siguientes hechos y fundamentos jurídicos.

HECHOS

PRIMERO.- La/el demandante don/doña [NOMBRE] con DNI [NÚMERO], convivió maritalmente con don/doña [NOMBRE].

Se adjuntan como **documentos n.º** [NÚMERO] y [NÚMERO] certificados de empadronamiento de don/doña [NOMBRE] y don/doña [NOMBRE]. **(1)**

SEGUNDO.- Don/Doña [NOMBRE_CAUSANTE] falleció el [FECHA_FALLECIMIENTO].

Se adjunta al presente escrito como **documento n.º** [NÚMERO] certificado de defunción de don/doña [NOMBRE_CAUSANTE].

TERCERO.- La/el demandante don/doña [NOMBRE] no volvió a contraer matrimonio, ni constituyó pareja de hecho ni tampoco convive maritalmente con nadie.

CUARTO.- En el momento de su fallecimiento don/doña [NOMBRE_CAUSANTE] estaba dado de alta en la Seguridad Social con número de afiliación [ESPECIFICAR], siendo trabajador/a de la empresa [ESPECIFICAR].

QUINTO.- La/el demandante solicitó el día [ESPECIFICAR] pensión de viudedad. El INSS dictó con fecha de [ESPECIFICAR] resolución por la que se le denegó a el/la demandante pensión **por no ser o haber sido cónyuge del fallecido, no existiendo imposibilidad legal para haber contraído matrimonio con anterioridad a la fecha del fallecimiento.**

SEXTO.- Contra dicha resolución denegatoria interpuse reclamación previa a la vía judicial laboral que también fue resuelta desfavorablemente, lo que acredito mediante copia de la referida reclamación que acompaño al presente escrito como **documento n.º** [NÚMERO].

SÉPTIMO.- La/el demandante agotó la vía administrativa previa.

FUNDAMENTOS DE DERECHO

I.- LEGITIMACIÓN

Le corresponde al/la demandante en atención a lo previsto en el artículo 17 de la LJS.

II.- JURISDICCIÓN

Corresponde a la jurisdicción social, con arreglo a lo establecido en los artículos 2 de la LJS y 9.1 y 9.5 de la LOPJ.

III.- COMPETENCIA

Es competente el juzgado de lo social al que nos dirigimos de conformidad con lo dispuesto en los artículos 6 y 10 de la LJS.

IV.- PROCEDIMIENTO

Por tratarse de una materia de seguridad social el procedimiento adecuado sería el establecido en los artículos 80 a 101 de la LJS.

V.- FONDO DEL ASUNTO

El **artículo 221.2 de la LGSS**, que regula la pensión de viudedad de parejas de hecho, dispone que:

> «2. A efectos de lo establecido en este artículo, se **reconocerá como pareja de hecho la constituida, con análoga relación de afectividad a la conyugal, por quienes, no hallándose impedidos para contraer matrimonio, no tengan vínculo matrimonial con otra persona ni constituida pareja de hecho,** y acrediten, mediante el correspondiente certificado de empadronamiento, una convivencia estable y notoria con carácter inmediato al fallecimiento del causante y con una duración ininterrumpida no inferior a cinco años, salvo que existan hijos en común, en cuyo caso solo deberán acreditar la constitución de la pareja de hecho de conformidad con lo previsto en el párrafo siguiente.
>
> La existencia de pareja de hecho se acreditará mediante certificación de la inscripción en alguno de los registros específicos existentes en las comunidades autónomas o ayuntamientos del lugar de residencia o mediante documento público en el que conste la constitución de dicha pareja. Tanto la mencionada inscripción como la formalización del correspondiente documento público deberán haberse producido con una antelación mínima de dos años con respecto a la fecha del fallecimiento del causante».

Así, cabe traer a colación la **sentencia del Tribunal Supremo n.º 480/2021, de 7 de abril, ECLI:ES:TS:2021:1283**:

> «(...) la prueba de la existencia de una pareja de hecho no solo puede acreditarse a los efectos del reconocimiento del derecho a la pensión de viudedad mediante los medios señalados en el párrafo cuarto del artículo 38.4 del Real Decreto Legislativo 670/1987, es decir mediante la inscripción en un registro específico autonómico o municipal del lugar de residencia o mediante un documento público y que ambos deben ser anteriores, al menos, en dos años al fallecimiento del causante, sino **también mediante el certificado de empadronamiento o cualquier otro medio de prueba válido en Derecho que demuestre la convivencia de manera inequívoca**».

En el mismo sentido se pronuncia la **sentencia del Tribunal Supremo n.º 37/2023, de 17 de enero, ECLI:ES:TS:2023:117, y la sentencia del TSJ de Madrid n.º 150/2023, de 2 de marzo, ECLI:ES:TSJM:2023:2306:**

> «Y es precisamente este compromiso de convivencia entre los miembros de una pareja, el que toma en consideración la Sala Tercera, de manera que la inscripción en el registro implica un compromiso de futuro, mientras que en el caso que examina, el compromiso se ha materializado a lo largo de toda una vida en común, y así señala el Alto Tribunal que «Su convivencia estable por más de 30 años, que la Sección Séptima de la Audiencia Nacional consideró probada en juicio, es bastante para el reconocimiento a la Sra. Concepción de la pensión de viudedad.», lo mismo que acontece en el supuesto de esta litis en que la convivencia ha durado 30 años a los efectos del ingreso mínimo vital, en relación a los preceptos que se denuncian como infringidos.
>
> Se trata, tal y como se ha declarado en la sentencia de instancia de una pareja que convive más de treinta años, con tres hijos en común, y que por diversos medios probatorios se puede constatar, como el certificado de empadronamiento de la vivienda, contrato de arrendamiento de vivienda de protección oficial de 1992 y otros, la prueba de que son una pareja de hecho».

A la vista de lo anterior, considera esta parte, que mi representado/a tiene derecho a la pensión de viudedad, pues reúne todos los requisitos exigidos por el artículo 221.2 de la LGSS, para causar la pensión de viudedad.

En virtud de lo expuesto,

SUPLICO AL JUZGADO/A LA SECCIÓN:

Que teniendo por presentada esta demanda con sus copias y documentos adjuntos, se sirva admitirla y, en consecuencia, tener formulada demanda en reclamación de las pensiones de viudedad contra el **INSTITUTO NACIONAL DE LA SEGURIDAD SOCIAL y contra la TESORERÍA GENERAL DE LA SEGURIDAD SOCIAL** en su representación legal, y tras los trámites de ley, señalar día y hora para celebrar el preceptivo acto de juicio oral, dictándose sentencia en la que se declare el derecho a percibir pensión de viudedad en la cuantía de [ESPECIFICAR] además la cantidad de [ESPECIFICAR] euros en concepto de atrasos y actualizaciones de pensión de viudedad desde la fecha [ESPECIFICAR] por ser todo ello conforme a justicia y derecho.

Por ser Justicia en [LUGAR] a [FECHA].

Letrado/a don/doña [NOMBRE]   Procurador/a don/doña [NOMBRE]

[NÚMEROCOLEGIADO   [NÚMEROCOLEGIADO_
ABOGADO_CLIENTE]   PROCURADOR_CLIENTE]

---

(1) Se recomienda adjuntar a la demanda cualquier documento que acredite de manera fehaciente la convivencia como pueden ser facturas para hacer frente a los gastos de la vivienda y en caso de haber hijos en común el certificado de nacimiento de los mismos así como el libro de familia.

(2) Por la reforma realizada por la LO 1/2025, de 2 de enero, una vez implantados de forma efectiva los tribunales de instancia (D.T. 1.ª), todas las referencias realizadas a los juzgados unipersonales se entenderán realizadas a las secciones del orden jurisdiccional correspondiente de los tribunales de instancia.